Let's
Adobe
Illustrator

KB066123

벡터 일러스트레이션과 그래픽 작업을 위한 최고의 기본서

실전 예제로 배우는

일러스트레이터
Illustrator

그래픽 전문가
장민희 지음

엠제이씨북스

일러스트레이터 미리보기

PART 02 도형

PART 03 채색

PART 05 변형

PART 07 Pathfinder

PART 08 패턴

PART 09 스타일화, 왜곡과 변형 효과

PART 11 Blend

PART 18 Envelope Distort

목차

PART 01 일러스트레이터 시작하기

PART 02 도형

PART 03 채색

PART 04 배열과 정렬

목차

Ai 일러스트레이터 설치하기

일러스트레이터 정품은 어도비 홈페이지에서 구매할 수 있습니다. 가입 후 7일 동안 무료 체험을 할 수 있으며 무료 체험판 설치 후 7일 이내에 구독한 플랜을 취소하지 않으면 이후 자동으로 결제가 진행됩니다.

1 인터넷 브라우저에서 어도비 홈페이지 (www.adobe.com/kr)에 접속한 후 상단 [크리에이티비티 및 디자인] 메뉴의 [Illustrator]를 클릭합니다.

2 일러스트레이터 화면이 나타나면 [무료 체험판] 버튼을 클릭합니다.

3 필요한 플랜을 선택하고 [무료 체험판] 버튼을 클릭합니다.

4 이메일 주소를 입력한 후 약관을 확인하여 동의합니다. 그 후 하단 [계속] 버튼을 클릭하여 어도비 계정을 설정합니다.

5 결제 정보를 입력한 후 [무료 체험 기간 시작] 버튼을 클릭합니다. 일주일 동안 무료로 사용할 수 있으며 이후 유료 결제됩니다. (결제를 원하지 않으면 무료 체험 기간 내에 홈페이지에서 구독한 플랜을 취소합니다.)

6 로그인 후 암호를 설정합니다.

7 프로그램 설치 전 먼저 설치 언어를 설정하기 위해 인터넷 브라우저에서 크리에이티브 클라우드 앱 홈페이지(https://www.adobe.com/kr/creativecloud/desktop-app.html)에 접속하여 [다운로드] 버튼을 누릅니다.

8 사용자의 계정으로 로그인합니다.

9 로그인 후 설치 파일이 다운로드 되면 크리에이티브 클라우드 앱을 설치합니다.

10 설치가 완료되면 크리에이티브 클라우드 앱을 실행합니다.

11 영문판으로 설치할 경우 상단 환경 설정 버튼을 눌러 앱 항목을 클릭한 뒤 [설치]–[기본 설치 언어]를 [English (International)]로 선택하고 [완료]를 클릭합니다.

12 화면 왼쪽 상단 [파일]–[Creative Cloud 종료] 메뉴를 클릭하여 크리에이티브 클라우드 앱을 종료합니다.

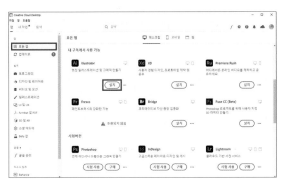

13 다시 앱을 실행하고 화면 왼쪽 [모든 앱] 메뉴를 선택하고 [내 구독에서 사용 가능] 항목에서 일러스트레이터를 설치합니다. 설치가 완료되면 설치 완료 메시지가 나타납니다.

최소 시스템 요구 사항

프로그램 설치를 위한 시스템의 최소 사양은 어도비 홈페이지에서 확인합니다. 사용 안내서에서 각 앱 항목을 클릭하여 설치에 필요한 사양을 확인할 수 있습니다.

일러스트레이터 설치하기

예제&완성파일 다운로드

이 책은 Window 환경에서 일러스트레이터 CC 2020 버전 영문판을 기준으로 제작되었습니다. 다른 버전과 차이점이 있는 기능들은 각 페이지에서 확인할 수 있습니다. 버전에 따라 기능의 차이는 있지만, CC 2020이 아니더라도 기본적인 사용 방법은 같습니다.

이 책에 사용된 예제 파일과 완성 파일은 표지에 기입된 각 홈페이지의 공지사항을 확인하고, 안내된 게시판에서 다운로드할 수 있습니다.

Mac OS 사용자는 단축키 Ctrl 키를 Command 키로, Alt 키를 Option 키로 대체하여 사용합니다.

예제에 사용된 사진의 저작권은 모두 저자에게 있으며 그 외의 자료들은 사용 허가를 받고 출처를 표기하였습니다. 모든 사진과 예제 자료들은 교재 내용 연습 이외의 모든 개인적, 상업적 사용이 허가되지 않습니다.

Ai 그래픽 기초 지식

● Vector & Bitmap

컴퓨터에서 사용하는 화상 표현 방식은 크게 벡터(Vector)와 비트맵(Bitmap)으로, 이 두 가지 표현 방식은 서로 다른 특징과 각각의 장단점이 있습니다. 주로 일러스트레이터에서는 벡터, 포토샵에서는 비트맵 방식을 사용합니다.

Vector

벡터방식은 그래픽을 수학 함수로 표현하는 방법입니다. 좌표계 (x,y)로 점과 점을 연결하여 직선 또는 곡선으로 원하는 위치, 모양, 크기, 색깔 등을 구성하면 해석된 함수 명령이 화면에 그래픽으로 표현됩니다. 이렇게 그려지는 형태를 패스(Path)라고 하는데 패스란 '길, 경로'라는 뜻으로 시작점과 도착점 사이를 잇는 선입니다. 고정점(Anchor Point)과 선분(Segment)으로 이루어져 있습니다. 이런 패스들로 구성된 개체를 오브젝트라고 합니다. 패스를 만들려면 고정점을 찍어가며 선을 이어 형태를 만들어야 합니다. 픽셀과는 달리 수학적 함수로 구성되기 때문에 개체의 크기를 줄이거나 늘려도 선명하고 화질의 변화가 없습니다. 비트맵 방식처럼 세밀하고 사실적인 색상 표현이나 이미지 편집은 할 수 없으나 크기조절이 자유로워야 하는 로고나 타이포그래피, 캐릭터 작업 등에 유용합니다. ai, eps, svg 등의 파일 형식이 이에 해당합니다.

Bitmap

컴퓨터의 이진 코드는 화상을 표현하는 최소 단위의 점을 화소 혹은 픽셀(pixel)이라 하고, 이미지의 모양과 색을 픽셀로 표현하는 형태가 비트맵 방식입니다. 이 연속된 픽셀들의 집합을 래스터(Raster)라고도 합니다. 일반 비트맵 이미지를 크게 확대해 보면 하나의 색상으로 구성된 작은 사각형인 픽셀을 확인할 수 있습니다. 640X420px 크기의 이미지라면 가로에 640개, 세로에 420개씩 총 268,800개의 픽셀로 구성된 것입니다. 이렇게 세밀한 점들로 색상을 표현하기에 정교하고 섬세한 사진 작업을 할 수 있으며 여러 가지 합성이나 자연스럽고 사실적인 표현이 가능합니다. 그러나 이미지 크기 변경 시 픽셀 수도 줄어들거나 늘어나는 변화로 인해 이미지의 품질 저하가 생길 수 있습니다. jpg, bmp, gif, png, raw, psd 등의 파일 형식들이 모두 해당됩니다.

Ai 해상도

해상도(Resolution)는 픽셀(화소)의 개수를 말합니다. 이미지를 표현하는데 1인치당 몇 개의 픽셀로 이루어졌는지 정밀도를 나타내는 지표로서 화면 해상도는 ppi(pixel per inch), 인쇄물 해상도는 dpi(dot per inch) 단위를 주로 사용합니다. 픽셀의 수가 많을수록 세밀하여 고해상도의 깨끗하고 정밀한 이미지를 표현할 수 있지만 그만큼 많은 양의 메모리가 필요하여 파일 용량이 커집니다. 화면용 그래픽과 인쇄용 그래픽은 필요한 해상도가 다르므로 목적에 맞는 적절한 해상도를 사용하는 것이 바람직합니다.

화면용 해상도

우리가 흔히 보는 웹, 영상, 모바일 화면의 그래픽은 작업 시 px단위를 사용하고 해상도는 72ppi~96ppi입니다. 72ppi보다 해상도가 낮으면 화소수가 적어 이미지의 화질이 좋지 않고 더 높은 해상도를 사용하면 디스플레이에서 시각적인 차이는 별로 없으나 용량은 훨씬 커 웹 환경에서는 전송 속도가 느려지므로 보통 72ppi를 사용합니다.

인쇄용 해상도

인쇄용 그래픽은 종이와 천 등에 인쇄하므로 작업 시 물리적 단위인 cm나 mm를 사용하고 해상도는 dpi(dot per inch)로 나타냅니다. 인쇄된 잉크 점은 픽셀처럼 사각형이 아닌 동그란 원형 점(dot)으로 찍히고, 해상도 지표는 이 점의 개수를 말합니다. 선명한 화질로 인쇄하기에 적합한 이미지의 해상도 기준은 보통 300dpi입니다.

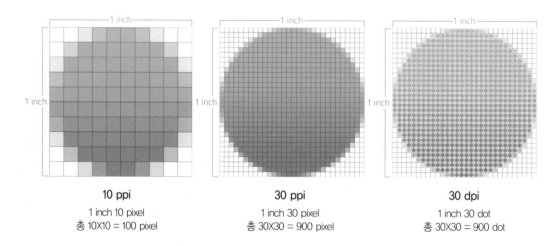

10 ppi
1 inch 10 pixel
총 10X10 = 100 pixel

30 ppi
1 inch 30 pixel
총 30X30 = 900 pixel

30 dpi
1 inch 30 dot
총 30X30 = 900 dot

★**중요** 이미지는 이용 매체에 따라 적절한 해상도가 다릅니다. 비트맵 방식에서는 나중에 해상도나 이미지 크기를 변경할 경우 픽셀의 개수도 조정되어 이미지 화질 저하가 생길 수 있으므로 처음부터 용도에 맞는 해상도를 지정하고 작업해야 합니다. 벡터 방식은 작업 시에는 해상도에 영향을 받지 않으나 jpg와 같은 비트맵 방식의 파일로 저장할 때는 적절한 해상도를 설정하고 저장합니다.

실전 예제로 배우는 일러스트레이터

Ai 색상 모드

색은 3원색으로 구성되어 있고, 3가지 원색을 다양하게 혼합하여 여러 가지 색을 표현합니다.
그래픽이 표현되는 매체에 따라 원색도 다릅니다. 화면을 통해 보는 이미지는 RGB 색상 모드를 사용하고 인쇄되는 이미지는 CMYK 색상 모드를 사용합니다.

RGB 모드

웹에서 보는 이미지나 디지털카메라, 모바일로 촬영한 사진은 대부분 RGB 모드입니다. 빛의 3원색인 빨강(Red), 초록(Green), 파랑(Blue) 세 가지 색 빛의 혼합으로 표현됩니다. 빛에 의한 혼합 방식이기 때문에 색이 혼합될수록 밝아집니다. 세 가지의 원색 빛이 전혀 들어가 있지 않으면 검정이 되고 모든 원색을 혼합하면 가장 밝은색인 흰색이 되며, 이러한 방식을 가산 혼합이라고 합니다. 컴퓨터 모니터나 텔레비전, 모바일 화면 등에서 사용합니다.

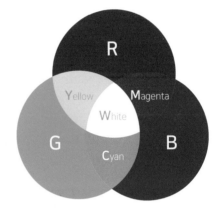

Red / Green / Blue

CMYK 모드

책, 포스터, 전단 등의 인쇄물은 대부분 CMYK 모드입니다. 염료의 3원색인 밝은 파랑(Cyan), 자주(Magenta), 노랑(Yellow)의 혼합으로 표현되는데, 색상 값이 없으면 아무것도 인쇄되지 않으므로 흰색이 되고 밝은 파랑, 자주, 노랑의 색을 모두 섞으면 검정이 됩니다. 이렇게 색을 혼합할수록 점점 어두워지고 검은색에 가까워지는 것을 감산혼합이라고 합니다. 인쇄용 색상 모드는 밝은 파랑, 자주, 노랑의 색을 모두 섞은 검정보다 선명하고 깨끗한 검정을 인쇄하기 위하여 세 가지 원색에 검정(Key=Black)을 더하여 CMYK 네 가지 원색을 사용합니다.

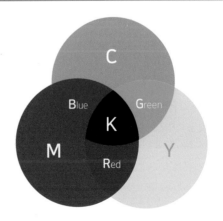

Cyan / Magenta / Yellow / BlacK

색의 3속성

색은 빛의 파장을 나타내는 색상(Hue), 밝고 어두운 정도를 나타내는 명도(Value), 색의 맑고 탁한 정도를 나타내는 채도(Chroma)의 세 가지 속성이 있습니다.

❶ 색상

스펙트럼이나 무지개에서 볼 수 있는 빨강, 주황, 노랑 등과 같은 색을 구별하는 특성을 말합니다.

❷ 명도

색상과는 관계없이 색의 밝고 어두운 정도를 말합니다. 명도가 가장 높은 색은 흰색이고 가장 어두운색은 검정입니다.

← 명도 높음　　　　　　　　　　　　　　　　　　　　　　　명도 낮음 →

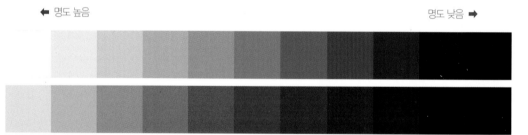

❸ 채도

색의 맑고 탁한 정도, 즉 색의 순수하고 선명한 정도를 나타내는 것으로 색상의 포함 정도를 말합니다. 다른 색이 섞이지 않은 가장 깨끗한 색감을 가지는 높은 채도의 색을 순색이라 하고 채도가 낮을수록 무채색에 가까워집니다.

← 채도 높음　　　　　　　　　　　　　　　　　　　　　　　채도 낮음 →

★중요★ 이미지는 이용 매체에 따라 사용하는 원색이 다릅니다. 나중에 색상 모드를 변경할 경우 원색이 변경되어 색이 달라질 수 있으므로 처음부터 용도에 맞는 색상 모드를 지정하고 작업해야 합니다. 특히 화면에서 RGB 모드로 작업하고 인쇄하는 경우 화면으로 봤을 때보다 특정 색상의 채도나 명도가 많이 떨어질 수 있습니다.

이미지 파일 형식

이미지 파일 포맷(Image file formats)은 파일 형식에 따른 종류로, 디지털 화상을 저장하는 형식은 여러 가지가 있습니다. 각 형식의 특징을 이해하고 용도에 맞는 형식의 파일을 활용하도록 합니다.

벡터 방식

❶ AI

어도비 일러스트레이터 원본 파일 형식으로 일러스트레이터에서 모든 편집과 수정을 할 수 있는 파일입니다. 상위 버전에서 저장된 파일은 하위 버전의 일러스트레이터에서 열리지 않거나 편집이 안 될 수 있으므로 저장 시 버전을 선택하여 저장해야 합니다.

❷ SVG

2차원 벡터 그래픽을 표현하기 위한 XML 기반의 파일 형식으로, 웹에서 스크립트가 가능한 다목적 벡터 형식의 확장자입니다. 확대나 축소를 해도 픽셀이 깨지지 않고 화질이 유지되며 일러스트레이터 등의 벡터 드로잉 프로그램이나 메모장, 문서 편집기 등에서 작업할 수 있습니다.

비트맵 방식

❶ PSD

어도비 포토샵 원본 파일 형식으로 포토샵에서 모든 편집과 수정을 할 수 있는 파일입니다.

❷ JPG/JPEG

웹과 멀티미디어 환경에서 가장 널리 사용하고 있는 형식입니다. 손실 압축 기법을 사용하여 파일 용량을 많이 줄일 수 있지만, 압축률이 높을수록 이미지의 화질이 손상되는 단점이 있습니다. RGB 모드와 CMYK 모드 모두 지원하나 투명 이미지는 지원하지 않습니다.

❸ PNG

무손실 압축 방식으로 원본 화질의 손상 없이 파일의 크기를 줄여줍니다. JPG나 GIF보다 파일 용량은 크지만, 투명 이미지를 지원하기 때문에 웹에서 많이 사용되고 CMYK 색 공간을 지원하지 않아 인쇄용으로는 적합하지 않습니다.

❹ GIF

온라인 전송을 위해 만든 그래픽 형식으로, 무손실 압축 기술을 사용합니다. 8비트 256색만 지원하기 때문에 표현되는 색상 범위가 넓지 않아 간단한 도형, 로고, 일러스트처럼 색이 별로 필요 없는 이미지를 저장하는 데 적합하고 투명 이미지를 지원합니다. 애니메이션 효과로 움직이는 사진을 만들 수 있습니다.

❺ RAW

디지털 카메라의 이미지 센서로부터 최소한으로 처리하여 얻어진 원본 그대로의 정보를 가지고 있는 형식입니다. 압축되지 않거나 무손실 압축을 사용하므로 이미지를 원본 상태의 높은 화질로 사용한다는 장점이 있지만 그만큼 파일 용량이 큽니다.

복합 방식

❶ EPS

여러 형식의 그래픽을 하나의 형식으로 압축 저장합니다. 비트맵과 벡터 이미지를 동시에 저장할 수 있기에 포토샵에서는 비트맵 방식으로, 일러스트레이터에서는 벡터 방식으로 사용할 수 있습니다. CMYK 모드를 완벽하게 지원하여 주로 고품질의 출력과 인쇄 시에 사용하는 형식입니다.

❷ PDF

어도비 시스템즈에서 개발한 전자 문서 형식의 확장자입니다. 편집보다는 배포, 출판에 용이한 형식으로 다양한 프로그램과의 호환성이 매우 좋습니다. 어느 환경에서나 동일하게 파일을 나타내기 위해 개발되었기 때문에 어디서나 똑같이 볼 수 있는 다기능 문서 양식으로 일반 문서 및 도형, 그림 등을 포함할 수 있습니다.

Ai 일러스트레이터 새 기능

회전 보기 (Rotate View tool) 2021년 6월 릴리스(버전 25.3)

회전 보기 도구 단축키 Shift + H 를 사용하여 캔버스를 회전하여 보고, 방향을 원하는 각도로 변경할 수 있습니다. 모든 대지와 보이는 개체도 캔버스 회전 보기와 함께 회전합니다.

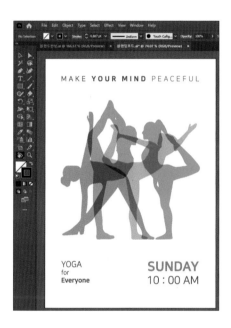 ▶

캔버스 보기 모드를 원래 위치로 되돌리려면 단축키 Ctrl + Z 가 아닌 [View]-[Reset Rotate View]를 선택합니다.

동일한 텍스트 선택 기능

2021년 10월 릴리스(버전 26.0)

문서의 모든 텍스트 상자를 선택하고 텍스트 특성을 한 번에 변경할 수 있습니다. 동일한 항목 선택 기능이 확장되어 글꼴 크기, 텍스트 Fill 색상, 글꼴 스타일 및 글꼴을 기준으로 동일한 속성의 텍스트를 한 번에 선택할 수 있습니다. [Select]-[Same] 메뉴에서 선택하고자 하는 속성을 클릭합니다.

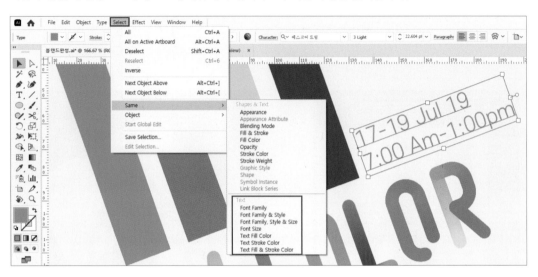

향상된 기능의 3D effect 효과

2021년 10월 릴리스(버전 26.0)

보다 뛰어난 3D 그래픽을 만들 수 있으며 Adobe Substance materials를 사용하여 사실적인 재질감을 적용할 수 있습니다. 실제와 같은 텍스처를 사용하여 2D 벡터 그래픽에 3D 효과, 조명과 재질을 적용하고 광선 추적을 사용하여 이를 렌더링합니다.

• 이전 버전의 3D effect는 Part 20의 입체효과를 참고합니다.

[Effect]-[3D and Materials] 메뉴에서 적용할 입체 효과를 선택합니다.

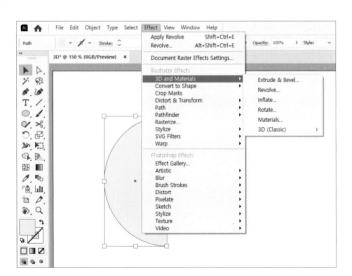

Extrude & Bevel : 돌출과 경사
Revolve : 축 중심 회전
Inflate : 부풀리기
Rotate : 평면 회전
Materials : 재질
3D(Classic) : 이전 버전 3D 메뉴

object : 개체

❶ 3D Type

　Plane : 평면에 개체를 병합

　Extrude : 2D 개체를 확장하여 깊이 추가

　Revolve : 패스나 프로파일을 축 중심 원형 방향으로 회전

　Inflate : 평면 개체를 부풀림

❷ Depth : 개체의 깊이 조절

❸ Cap : 개체가 속이 꽉 찬 모양 또는 속이 빈 모양으로 나타나는지를 지정

❹ Bevel : 오른쪽 버튼을 클릭하여 활성화하고 개체의 깊이를 따라 경사진 가장자리를 적용

▶ Bevel Shape 메뉴에서 다양한 경사 모양 지정

❺ Rotation : 회전

　Presets : 사전 설정된 각도 지정

❻ −180~180° 사이로 개체 수직 회전

❼ −180~180° 사이로 개체 수평 회전

❽ −180~180° 사이로 개체 원으로 회전

Materials : 재질

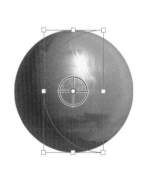 

❶ All Materials : 모든 재질

❷ Adobe Substance Materials : 일부 Adobe Substance 재질

❸ Adobe Substance : 재질 추가

❹ Adobe Substance : 커뮤니티 재질 추가

❺ 사용자의 새 재질 추가

❻ Material Properties : 기본 재질에 대해 0~1 사이의 거칠 및 금속 속성을 적용. 각 Adobe Substance 재질에 대해 속성은 달라짐

Lighting : 조명

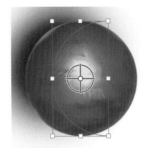

❶ Preset : 조명 사전 설정

❷ Color : 색상

❸ Intensity : 0%~100% 범위에서 선택한 조명의 밝기 강도 변경

❹ Rotation : −180°~180° 사이의 값을 적용하여 개체를 중심으로 조명의 초점을 회전

❺ Height : 조명을 개체에 더 가까이 적용. 0°~90° 사이로 조명이 낮으면 그림자가 짧아지고 높으면 길어짐

❻ Softness : 부드럽게 광원이 확산되는 방식을 결정

❼ Ambient Light : 주변광 강도

❽ Shadow : 오른쪽 버튼을 클릭하여 활성화. 아트워크에 그림자 적용

❾ Position : [개체 뒤] 또는 [개체 아래]에 그림자 위치 적용

❿ Distance from Object : 0%~100% 사이의 값을 사용하여 개체에서 그림자의 거리를 조정

⓫ Shadow Bounds : 0% ~ 200% 사이의 값을 사용하여 그림자의 경계 적용

캔버스의 개체 잠금 풀기

환경 설정을 통하여 캔버스에서 바로 개체 잠금을 해제할 수 있습니다.

1 [Preferences]–[Selection&Anchor Display] 메뉴의 대화상자에서 [Select and Unlock objects on canvas] 캔버스의 개체 선택 및 잠금 풀기 항목에 체크합니다. 개체 잠금에 대한 잠금 아이콘이 캔버스에 표시됩니다.

2 잠긴 개체를 클릭하거나 마우스를 우클릭 하고 [Unlock]–[개체 이름]을 선택합니다. 잠금이 해제 됩니다.

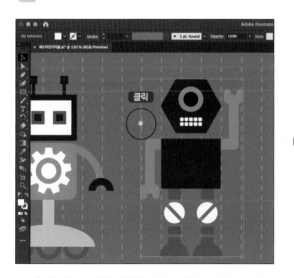
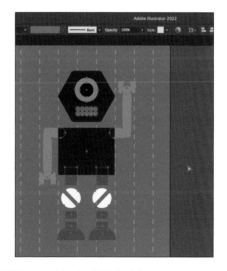

• 레이어는 레이어 패널에서만 잠금을 해제할 수 있습니다. 잠긴 레이어에 있는 개체에 대해서는 잠금 아이콘이 표시되지 않습니다.

Recolor Artwork 메뉴에서 Color Theme Picker 기능 사용하기 2020년 10월 릴리스(버전 25.0)

색상 테마 선택기(Color Theme Picker)에서는 캔버스에 있는 개체나 이미지 또는 일부 선택 부분에서 색상 팔레트를 추출하여 현재 아트웍 색상을 변경할 수 있습니다. 캔버스의 내에 있는 벡터 개체와 이미지 개체에서 모두 색상을 추출할 수 있습니다.

• Recolor Artwork의 자세한 기능은 228p를 참고합니다.

1 색상을 변경하고자 하는 아트웍을 선택하고 Recolor Artwork 메뉴를 클릭합니다. 열린 대화상자에서 Color Theme Picker를 클릭하여 색상 피커를 활성화합니다.

2 색상 팔레트를 추출하려는 개체 또는 이미지를 클릭합니다. (작업 시 두 개 이상의 개체에서 색상을 선택하려면 [Shift] 키를 누른 상태에서 개체를 차례대로 클릭하거나 이어서 드래그 합니다.) ❷ Prominent Colors 항목의 슬라이더를 드래그하면 추출된 색 영역의 범위도 조절할 수 있습니다.

반복 개체를 더욱 쉽게 만들기

2021년 1월 릴리스(버전 25.1)

Object 메뉴에 Repeat 기능이 추가되어 클릭 한 번으로 개체를 쉽게 반복하고 스타일을 관리할 수 있습니다.
첫 번째 개체를 만들고 반복 유형 (방사형, 격자 또는 미러링)을 선택하여 반복 개체를 추가합니다.

방사형 타입

1 반복 개체를 생성할 오브젝트를 선택하고 [Object]–
[Repeat]–[Radial]을 클릭합니다. 방사형 반복 유형
을 적용할 수 있습니다.

2 Instances 포인트를 드래그하여 반복 개체의 개수를
조절합니다.

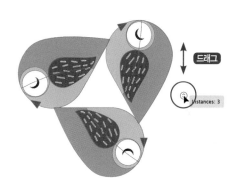

3 원형을 따라 포인트를 드래그하여 반복 개체의 범위
를 조절합니다.

4 중심으로부터 반복 개체와의 거리를 조절하는 포인
트를 드래그하여 반지름을 수정합니다.

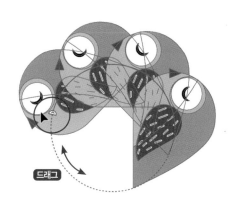

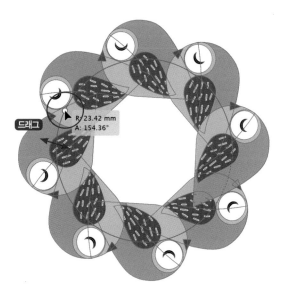

일러스트레이터 새 기능

격자형 타입

1 반복 개체를 생성할 오브젝트를 선택하고 [Object]
–[Repeat]–[Grid]를 클릭합니다. 개체의 가로 간격
사이를 조절하는 포인트를 드래그하여 사이간격을
수정합니다.

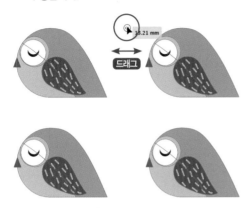

2 개체의 세로 간격 사이를 조절하는 포인트를 드래그
하여 사이간격을 수정합니다.

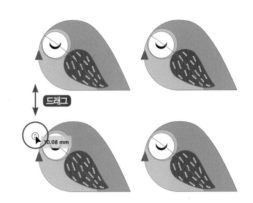

3 개체의 가로 범위를 조절하는 포인트를 드래그하여
너비 범위를 수정합니다.

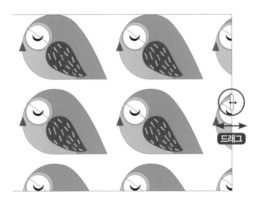

4 개체의 세로 범위를 조절하는 포인트를 드래그하여
높이 범위를 수정합니다.

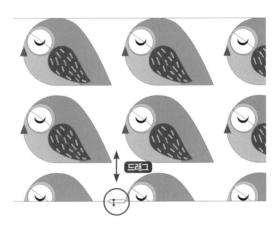

미러형 타입

1 반복 개체를 생성할 오브젝트를 선택하고 [Object]–
[Repeat]–[Mirror]를 클릭합니다. 사이 간격을 조절하
는 포인트를 드래그하여 간격을 수정합니다.

2 조절 바를 드래그하여 반사 각도를 수정합니다.

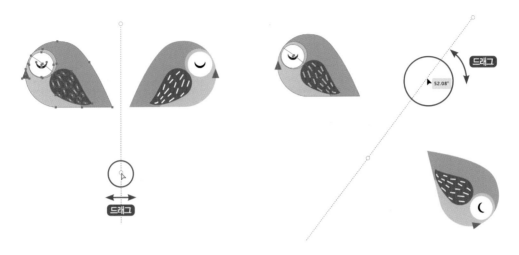

3 상단의 옵션바에서 정확한 각도를 입력할 수 있습니다.

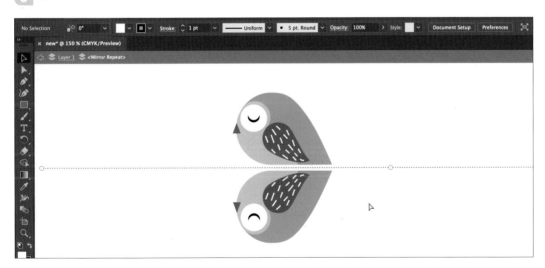

대화상자에서 입력하기

[Object]-[Repeat]-[Options] 메뉴를 클릭하면 대화상자가 열립니다. 각 유형의 정확한 수치를 입력할 수 있습니다.

반복 유형 해제하기

[Object]-[Repeat]-[Release] 메뉴를 클릭하면 반복개체 적용이 해제됩니다.

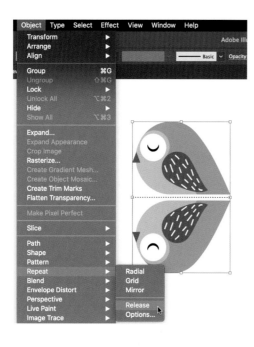

반복 유형 확장하기

[Object]-[Expand] 메뉴를 클릭하면 반복개체를 확장하여 모두 개별 선택할 수 있습니다.

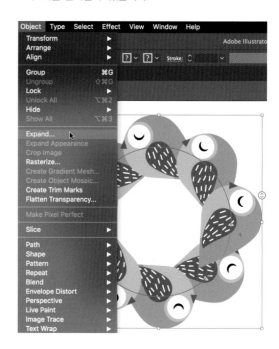

실전 예제로 배우는
일러스트레이터

일러스트레이터 시작하기

CHAPTER

01

Illustrator Interface

일러스트레이터의 인터페이스는 사용자가 편의에 맞게 설정하여 사용할 수 있습니다. 작업이 익숙해지면 레이아웃을 변경하고 사용자만의 인터페이스를 구성하여 사용합니다.

일러스트레이터 CC 2020 홈 화면

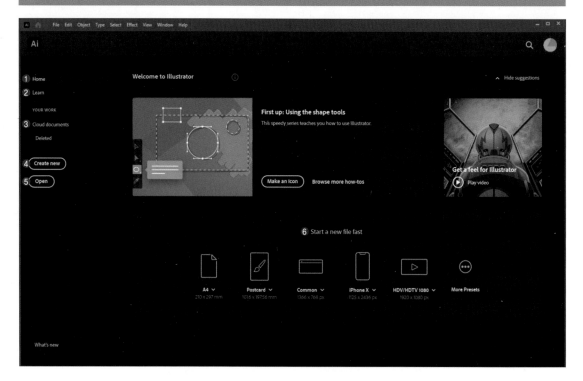

❶ **Home** : 일러스트레이터 실행 후 가장 먼저 표시되는 시작 화면으로 파일을 열거나 새로운 문서(도큐멘트)를 만드는 홈 화면입니다.

> **TIP** 이전 버전처럼 홈 화면 없이 바로 기본 화면으로 설정하려면 메뉴바에서 [Edit]-[Preferences]-[General] 대화상자의 [Show The Home Screen When No Documents Are open] 항목을 체크 해제합니다. 다음 실행부터 홈 화면이 나타나지 않습니다.

❷ **Learn** : 일러스트레이터의 기능을 동영상으로 배울 수 있습니다.

❸ **Cloud documents** : 작업한 파일을 어도비 클라우드 문서에 저장하면 자동으로 동기화되어 노트북, 스마트폰 등 다양한 환경에서 언제든지 작업을 이어갈 수 있습니다.

❹ **Create new** : 사용자가 설정하여 새 작업 문서를 만듭니다.

❺ **Open** : 파일을 불러옵니다.

❻ **Start a New file fast** : 정해진 파일 유형으로 새 문서를 만듭니다.

실전 예제로 배우는 일러스트레이터

32

일러스트레이터 CC 2020 기본 화면

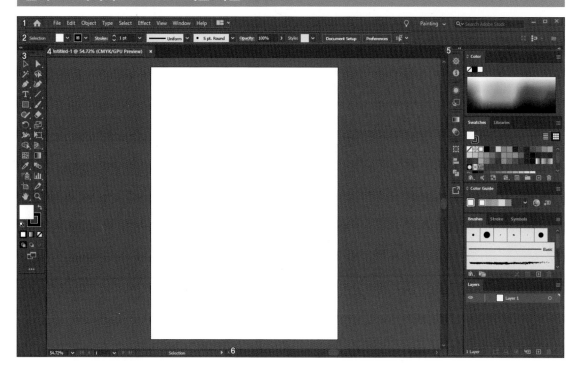

❶ **메뉴바** : 기능별로 나누어 놓은 메뉴입니다. 일러스트레이터 기능 선택 및 설정 등을 할 수 있습니다.

❷ **옵션바(컨트롤바)** : 도구 박스에서 선택한 도구의 세부 옵션을 설정하는 영역입니다. 옵션바가 없을 경우 메뉴바 [Window]-[Control]을 클릭합니다.

❸ **도구 박스(툴 박스)** : 각각 다른 기능을 하는 도구(툴)들이 모여 있습니다. 펼침 ▶▶ , 접힘 ◀◀
버튼을 눌러 도구 박스 크기를 조절 할 수 있습니다. [Basic] 모드와 [Advanced] 모드가 있습
니다. 도구 박스가 없을 경우 메뉴바 [Window]-[ToolBars]를 클릭합니다.

도구박스에 나타나지 않은 도구가 있다면 도구 박스 하단 더 보기 버튼(•••)을 누른 뒤 상단
오른쪽 옵션(☰)버튼을 눌러 [Advanced]로 변경합니다. [Reset]을 누르면 도구 박스가 초기화
됩니다.

▲ 한 칸   ▲ 두 칸

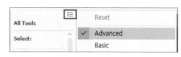

❹ **파일 탭** : 파일의 이름, 확대/축소 비율, 색상 모드의 기본 정보가 표시되고 작업화면을 이동하거나 파일을 닫을 수 있습니다.

❺ **패널** : 이미지 편집 작업을 위한 독립된 창으로 도구별 상세 옵션을 설정하거나 개별 특정 기능을 합니다. 모든 패널은 [Window] 메뉴에 있고 클릭
하여 화면에 활성화 하거나 비활성화 합니다. 패널의 탭을 드래그 하여 사용자가 위치를 변경할 수 있습니다.

▶

❻ **상태 표시줄** : 작업 중인 파일의 확대/축소 비율, 선택한 아트보드와 도구를 표시합니다.

일러스트레이터 CC 2020 화면 설정 변경하기

인터페이스 색상 바꾸기

1 메뉴바에서 [Edit]-[Preferences]-[Interface]를 선택합니다. 단축키 Ctrl + K

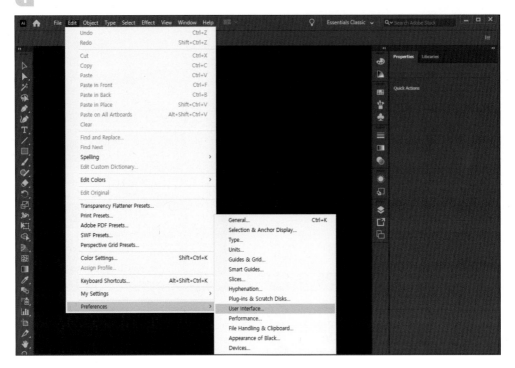

2 [Preferences] 대화상자의 [Color Theme] 항목에서 인터페이스 색상을 변경합니다.

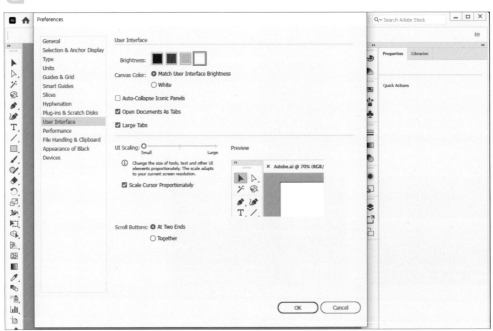

실전 예제로 배우는 일러스트레이터

작업환경 설정

1 [Window]–[Workspace] 메뉴에서 작업 분야별 작업환경을 선택하거나, 사용자가 직접 자주 사용하는 도구와 패널로 위치를 구성하여 새 레이아웃을 만들고 저장할 수 있습니다.

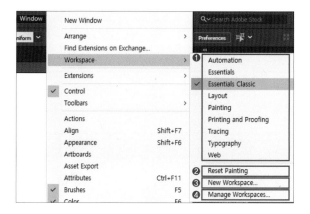

❶ 분야별로 설정된 작업환경을 선택합니다.

❷ **Reset Workspace** : 현재 사용하고 있는 작업환경을 초기화합니다.

❸ **New Workspace** : 현재 설정된 작업환경을 저장합니다.

❹ **Manage Workspace** : 사용자가 저장한 작업환경을 편집하거나 삭제합니다.

• 기본 작업환경으로 설정하려면 [Essentials Classic]을 선택합니다.

• 처음에는 기본 작업환경에서 작업하고, 작업이 익숙해지면 자주 사용하는 패널과 도구 위주로 레이아웃을 변경하여 나만의 작업환경을 만든 뒤 [New Workspace] 메뉴로 저장하여 사용합니다.

CHAPTER 02

파일 관리하기

File 메뉴에는 파일을 열고, 닫고, 다양한 방식으로 저장하는 기능들이 있습니다. 파일 관리는 그래픽 작업의 기본이므로 잘 숙지하고, 파일들은 작업별로 분리하여 보기 좋게 정리해 두는 것이 좋습니다.

파일 메뉴 주요기능

❶ **New** : 새 문서 만들기 단축키 Ctrl + N

❷ **Open** : 파일 불러오기 단축키 Ctrl + O

❸ **Close** : 선택된 파일 닫기 단축키 Ctrl + W

❹ **Save** : 저장 단축키 Ctrl + S / **Save As** : 다른 이름으로 저장

❺ **Export** : 내보내기

    Save 메뉴 외에 다른 프로그램에서 사용할 수 있는 다양한 형태로 저장

새 문서 만들기

[File]-[New] 메뉴에서 새로운 문서(도큐멘트)를 만들 수 있습니다. 단축키 Ctrl + N

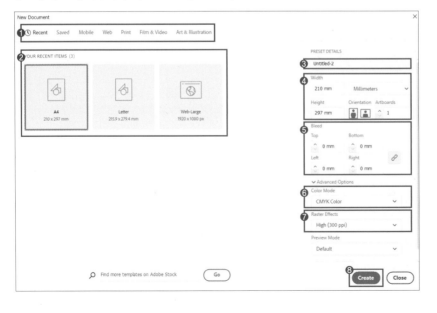

❶ 문서의 규격을 선택합니다. 인쇄용이나 화면용 등 용도에 맞는 규격을 선택할 수 있습니다.

❷ 이전에 사용했던 규격이 표시됩니다. 클릭하면 그대로 설정됩니다.

❸ 문서의 이름을 입력합니다.

❹ 문서의 너비(Width), 높이(Height) 값과 단위, 문서의 방향을 설정합니다. 주로 화면용 문서는 [px], 인쇄용 문서는 [mm] 단위를 사용합니다. Artboards 항목으로 하나의 작업 문서에 여러 개의 대지를 만들 수 있습니다.

36

실전 예제로 배우는 일러스트레이터

❺ 도련(Bleed)은 인쇄 시 필요한 설정으로 종이가 잘려지는 재단 여백입니다. 재단은 오차 범위가 있기 때문에 디자인은 실제 인쇄물 크기보다 상, 하, 좌, 우 각 3mm 정도의 여백까지 더 작업해야 합니다.

❻ 색상 모드를 설정합니다. 화면용은 [RGB Color], 인쇄용은 [CMYK Color]로 설정합니다.

❼ 벡터 방식의 일러스트레이터 파일은 해상도의 영향을 받지 않으나 추후 비트맵 방식의 파일로 저장할 경우의 해상도를 설정합니다. 화면용은 [72ppi], 인쇄용은 [150~300ppi]로 설정합니다.

　★중요★ 해상도와 색상 모드는 잘못 설정할 경우 좋지 않은 화질로 인쇄되거나 의도치 않은 색상으로 표현될 수 있으므로 꼭 용도에 맞는 설정을 해야 합니다. 자세한 내용은 14~15p를 참고합니다.

❽ 설정을 다 마쳤다면 [Create]를 눌러 문서를 만듭니다.

파일 열기

[File]-[Open] 메뉴에서 열고자 하는 파일을 선택하여 불러옵니다.

단축키 Ctrl + O

파일 저장

❶ 원본 파일을 저장할 때는 메뉴바의 [File]-[Save] Ctrl + S.

❷ 새로운 파일로 다시 저장할 때는 [File]-[Save As] Ctrl + Shift + S 대화상자에서 저장할 파일 형식을 선택하여 저장합니다.

❸ 비트맵 방식의 이미지 파일로 저장할 때는 [File]-[Export]-[Export As] 메뉴를 클릭합니다.

　★중요★ 일러스트레이터 원본 파일 형식(.ai)으로 저장 시 상위 버전에서 저장된 파일은 하위 버전의 일러스트레이터에서 열리지 않거나 편집이 안 될 수 있으므로 저장 시 사용할 버전을 선택하여 저장해야 합니다.

• 자세한 파일 형식은 17p를 참고합니다.

파일 닫기

메뉴바의 [File]-[Close]를 클릭하거나 파일 탭의 ×버튼을 눌러 닫습니다.

단축키 Ctrl + W

저장할 경우 닫기 전에 먼저 [File]-[Save As] 메뉴에서 저장합니다.

화면 확대와 축소

1 도구 박스에서 🔍돋보기 도구 Z 를 선택합니다. 화면을 클릭하면 확대됩니다.

2 Alt 키를 누르고 화면을 클릭하면 축소됩니다.

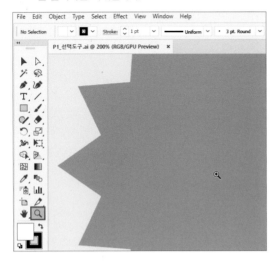

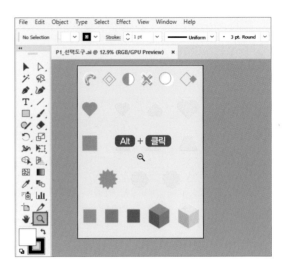

3 그 외에도 다양한 확대/축소 방법이 있습니다.
Alt 를 누르고 마우스 스크롤을 위아래로 굴리면 화면 확대와 축소를 할 수 있습니다.

단축키 Ctrl + + (더하기 키) : 확대
단축키 Ctrl + - (빼기 키) : 축소
단축키 Ctrl + 1 : 100% 원본 크기로 보기
단축키 Ctrl + 0 : 작업 창의 크기에 맞춰 보기

화면 이동

1 도구 박스의 ✋손 도구 H 를 선택합니다. 화면을 드래그하여 이동합니다.

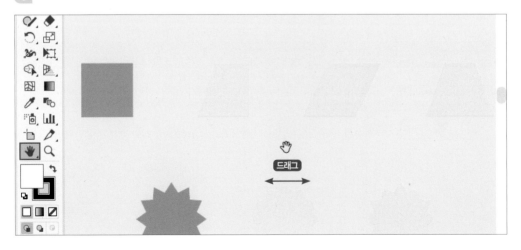

2 ✋손 도구 H 를 선택하지 않아도 언제든지 Space Bar 키를 누르면 잠시 손 도구가 됩니다. 키를 누르고 있는 상태에서 화면을 드래그하여 이동합니다.

전체 화면 보기

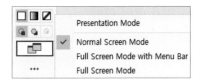

도구 박스의 제일 아래에 있는 ⊡아이콘은 전체 화면 보기 모드입니다. 단축키 F를 누르면 전체 화면 모드로 전환 되고 패널이나 도구 박스가 나타나지 않습니다. 키보드의 Tab키도 비슷한 기능을 합니다.

그리기(Draw) 모드 단축키 Shift + D

도구 박스의 ⊙ ⊙ ⊙아이콘은 오브젝트 생성 시 배열 순서 유형입니다. 왼쪽부터 일반 모드(Draw Normal)는 이전 오브젝트의 위로 쌓이게 되고 두 번째 배경 그리기 모드(Draw Behind)는 이전 오브젝트의 아래로 쌓이게 됩니다. 세 번째 내부 그리기 모드(Draw Inside)는 먼저 선택한 오브젝트 안에 그려지게 됩니다. 보통 일반 모드로 작업합니다.

작업 내역 설정

★중요★ 작업은 [Edit] 메뉴에서 실행 취소(Undo: 단축키 Ctrl + Z) 또는 재실행(Redo: 단축키 Ctrl + Shift + Z)을 할 수 있습니다.

이전 작업은 설정되어있는 개수만큼 저장되기 때문에 미리 [Edit]-[Preferences]-[Performance] 메뉴의 [Undo Counts] 항목에서 필요에 따라 저장 상태 수를 설정합니다. 저장 상태 개수가 많을수록 많은 메모리가 필요합니다.

C H A P T E R
03

패스와 오브젝트의 이해

| Path & Object |

벡터 방식의 작업은 패스로 이루어집니다. 패스의 구조를 이해하여야 적절히 선택하고 편집하여 활용할 수 있습니다.

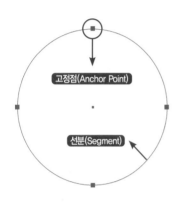

고정점(Anchor Point)

선분(Segment)

벡터 방식은 그래픽을 수학 함수로 표현하는 방법입니다. 좌표계(x,y)로 점과 점을 직선 또는 곡선으로 연결하여 표현하는 형태를 패스(Path)라고 합니다. 고정점(Anchor Point)과 선분(Segment)으로 이루어져 있고 이러한 패스들로 구성된 개체를 오브젝트(Object)라고 합니다. 수학적 함수로 구성되기 때문에 오브젝트 크기를 줄이거나 늘려도 선명하고 화질의 변화가 없습니다.

• 자세한 설명은 13p를 참고합니다.

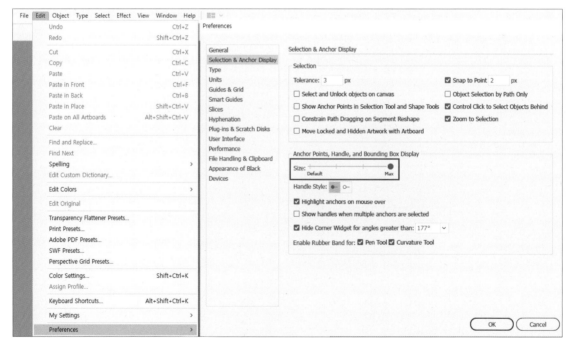

고정점의 크기가 작아 잘 보이지 않는다면 메뉴바에서 [Edit]-[Preferences]-[Selection & Anchor Display]를 선택합니다. [Anchor Points, Handle, and Bounding Box Display] 항목에서 패스 디스플레이의 Size를 변경할 수 있습니다.

CHAPTER
04

선택 도구

| Selection Tool |

오브젝트를 선택하는 방법은 여러 가지가 있지만, 기본적으로 오브젝트 전체를 모두 다 선택하여 변형·이동할 때는 선택 도구를 사용하고, 일부분의 고정점이나 선분을 부분 선택하여 변형·이동할 때는 직접 선택 도구를 사용합니다.

📁 [Part1]–[선택도구.ai]

▶ 선택 도구(Selection Tool) 단축키 Ⅴ

1 클릭하여 오브젝트 전체를 선택합니다. Shift 키를 누르고 클릭하면 여러 개의 오브젝트가 중복 선택 되고, 선택된 오브젝트는 다시 Shift 키를 누르고 클릭하면 선택이 해제 됩니다.

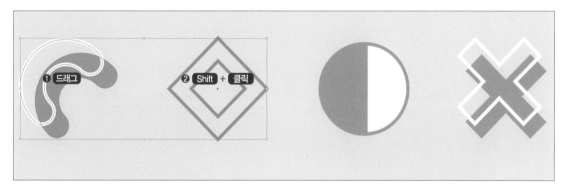

2 작업화면을 드래그 하여 선택 영역을 지정하면 영역 안에 포함되는 모든 오브젝트를 선택 할 수 있습니다.

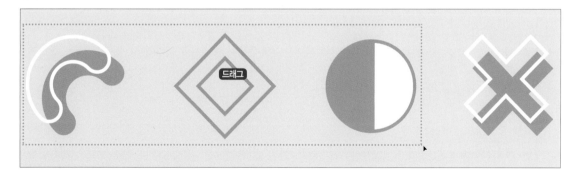

3 모든 선택을 해제 하려면 오브젝트가 없는 작업화면을 클릭하거나 단축키 Ctrl+Shift+A를 누릅니다.

4 오브젝트 선택 후 드래그 하여 이동합니다. 드래그 하면서 [Shift]를 누르면 수평, 수직, 45° 대각선으로 반듯하게 이동합니다. 드래그 도중 [Alt]키를 누르면 오브젝트가 복제됩니다.

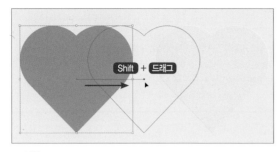

▲ 이동   ▲ 복제

5 선택 도구로 오브젝트를 선택하면 변형을 할 수 있는 바운딩 박스(Bounding Box)가 나타납니다. (바운딩 박스가 없는 경우 메뉴바 [View]–[Show Bounding Box]를 클릭합니다. 단축키 [Shift]+[Ctrl]+[B])
바운딩 박스의 조절점을 드래그 하여 크기 조절과 회전을 할 수 있습니다. [Shift]를 누르면 오브젝트의 조정 전 너비와 높이의 비율을 고정하여 크기가 조정됩니다. 크기 조절 시 [Alt]키를 같이 누르면 바운딩 박스의 중앙 이 고정됩니다. 회전 시 [Shift]를 누르면 45°씩 정확하게 회전할 수 있습니다.

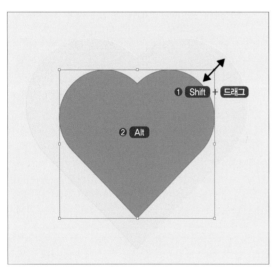
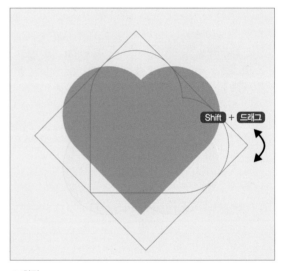

▲ 크기 조절   ▲ 회전

6 오브젝트를 삭제하려면 선택 후 [Delete]키를 누릅니다.

◤ 직접 선택 도구(Direct Selection Tool) 단축키 [A]

1 오브젝트 일부분의 고정점이나 선분을 클릭하여 선택합니다. 선택 시 [Shift]키를 누르고 클릭하면 여러 개의 고정점과 선분이 중복 선택 되고, 선택된 고정점과 선분을 다시 [Shift]키를 누르고 클릭하면 선택이 해제 됩니다. 선택된 고정점은 색상이 채워지고 선택되지 않은 고정점은 색이 채워지지 않습니다.

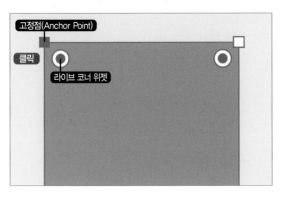

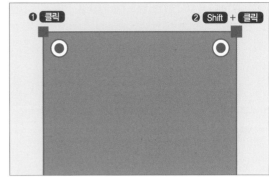

2 작업화면을 드래그 하여 선택 영역을 지정하면 영역 안에 포함되는 모든 고정점과 선분을 선택 할 수 있습니다. 오브젝트의 칠(Fill) 색상이 채워져 있는 경우 패스 안쪽을 클릭하면 모든 고정점과 선분이 선택됩니다.

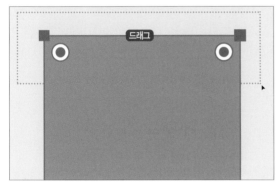

▲ 부분 선택

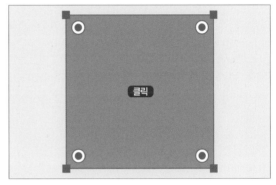

▲ 전체 선택

3 모든 선택을 해제 하려면 오브젝트가 없는 작업화면을 아무데나 클릭하거나 단축키 Ctrl+Shift+A 를 누릅니다.

4 ▶선택 도구 V 로 사각형 오브젝트를 선택 후 드래그 도중 Alt 키를 눌러 옆의 견본 오브젝트 위에 복제합니다. 단축키 Ctrl+Shift+A 를 눌러 전체 선택 해제 후 ▷직접 선택 도구 A 로 왼쪽 상단의 고정점을 드래그하여 이동합니다. Shift 를 누르면 수평, 수직, 45° 대각선으로 반듯하게 이동합니다. 고정점을 이동하여 다양한 형태로 패스 모양을 수정할 수 있습니다.

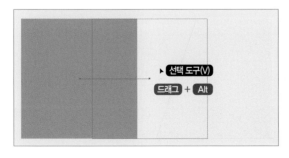

5 고정점과 선분을 삭제하려면 선택 후 Delete 키를 누릅니다.

6 ▶선택 도구 ⓥ로 별 모양 오브젝트를 선택 후 드래그 도중 Alt + Shift 키를 눌러 옆의 견본 오브젝트 위에 복제합니다. 일부만 선택해 변형하기 위해 단축키 Ctrl + Shift + A 를 눌러 전체 선택을 해제합니다.

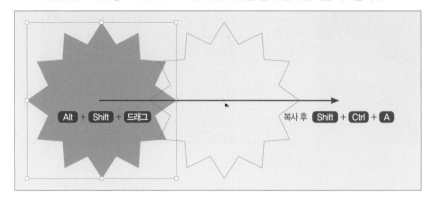

7 ▷직접 선택 도구 Ⓐ로 오브젝트 안쪽을 클릭하여 모든 고정점을 선택합니다. ◉라이브 코너 위젯(Live Corners widget) 중 하나를 선택하여 드래그 하면 모든 코너를 둥글게 변형할 수 있습니다.

8 일부분만 할 경우에는 고정점을 일부만 선택한 뒤 위젯을 드래그 합니다.

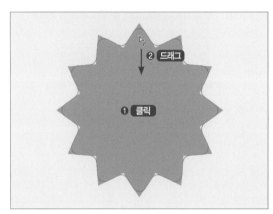

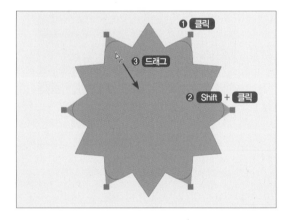

9 ❶, ❷, ❸번 도형을 연습 도형 위로 이동하고 완성 예제처럼 오브젝트를 수정하여 입체 도형을 만들어봅니다.

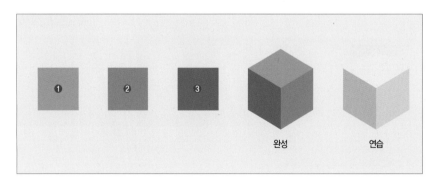

완성　　　　　연습

CHAPTER

05

대지

| ArtBoard |

대지는 한 문서 안에 나누어진 작업 영역입니다. 문서를 처음 만들 때 ArtBoard 항목에서 문서의 대지 수를 지정할 수 있으며 문서에서 작업하는 동안 언제든지 추가하거나 제거할 수 있습니다. 대지 도구를 사용하여 크기를 조정한 다음 사용자가 원하는 곳에 배치할 수 있습니다. 대지는 독립된 영역으로 작업할 수 있고 각각 개별 파일로 저장할 수 있어 다양한 항목을 만드는 데 유용합니다. 단축키 Shift + O

📁 [Part1]-[선택도구.ai]

새 대지 생성과 수정

1 🔲대지 도구(ArtBoard Tool) 단축키 Shift + O 를 선택합니다. 옵션바의 ⊞새 대지 아이콘을 클릭하면 선택된 대지와 크기가 같은 새로운 대지가 생성됩니다.

 ▶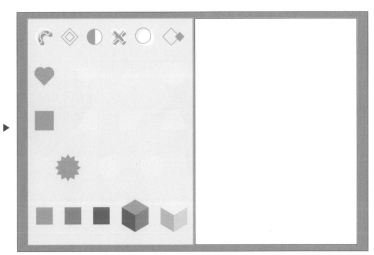

2 대지 도구로 새로 만들어진 대지의 조절점을 드래그 하여 대지 사이즈를 변경합니다. 옵션바의 Transform ⊞ W: ⌃ 236 px ⋈ H: ⌃ 107 px 항목에서 정확한 너비(W)와 높이(H) 수치를 입력할 수 있습니다.

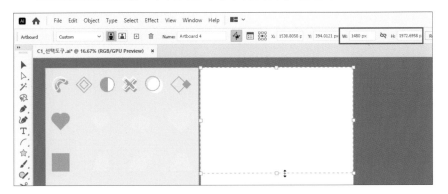

3 ▶선택 도구Ⓥ로 왼쪽 대지에 있는 도형을 복사하여 새로 만든 대지에 적당히 배치합니다.

대지 개별 저장

1 jpg 파일 형식으로 저장하기 위해 [File]–[Export]–[Export As] 메뉴를 클릭합니다.

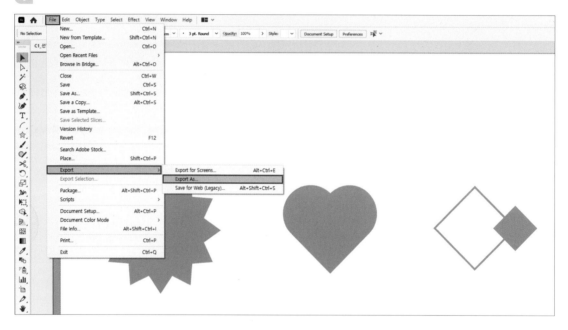

2 내보내기 대화상자가 열리면 파일 이름을 입력하고 파일 형식을 jpg로 지정한 뒤 하단 [Use Artboard] 항목에 체크합니다. 모든 대지를 저장할 경우 [All] 항목에 체크하고, 일부 대지만 저장할 경우 [Range] 항목을 체크하여 저장할 대지 번호를 입력합니다.

3 [Export] 하고 저장한 경로에서 대지가 각각 저장된 것을 확인합니다.

실전 예제로 배우는
일러스트레이터

도형

CHAPTER 01

모양 도구

| Shape Tool |

여러 가지 형태의 도형을 그립니다.

도구 아이콘 하단에 작은 삼각형이 있는 경우 숨겨진 아이콘이 있습니다. Alt 키를 누르고 도구 아이콘을 클릭하면 다음 도구로 바뀝니다. 도구 아이콘을 길게 꾹 누르거나 마우스 오른쪽 버튼을 클릭하면 숨겨진 도구를 모두 확인하고 선택할 수 있습니다. 숨겨진 도구 확장시 오른쪽의 화살표 버튼(Tear off)을 누르면 개별 도구 상자가 화면에 하나 더 생깁니다.

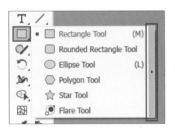
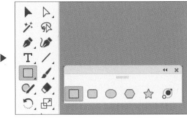

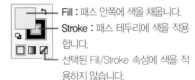

도구박스 하단의 색상 피커로 색을 적용합니다.

- **Fill** : 패스 안쪽에 색을 채웁니다.
- **Stroke** : 패스 테두리에 색을 적용합니다.
- 선택된 Fill/Stroke 속성에 색을 적용하지 않습니다.
- 채색의 자세한 사항은 62p를 참고합니다.

📁 [Part2]–[도형도구.ai]

🔲 사각형 도구(Rectangle Tool) 단축키 M

사각형을 그리는 도구입니다.

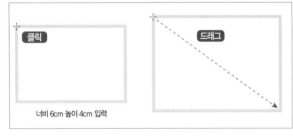

너비 6cm 높이 4cm 입력

1️⃣ 작업화면을 클릭하면 사각형 도구 대화상자가 열립니다. 수치를 입력하여 크기를 지정합니다.

2️⃣ 작업화면을 드래그하여 사각형을 자유롭게 그립니다.

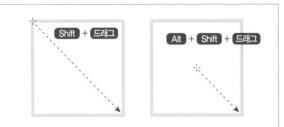

3️⃣ Shift 키를 누르고 드래그하면 정비례의 사각형을 그립니다.

4️⃣ Alt 키를 먼저 누르고 드래그하면 클릭한 지점이 도형의 중앙이 됩니다. 정 도형을 그릴 경우 Shift 도 같이 누릅니다.

▢ 둥근 사각형 도구(Rounded Rectangle Tool)

모서리가 둥근 라운드 사각형을 그리는 도구입니다. 그리는 방법은 사각형 도구와 같습니다.

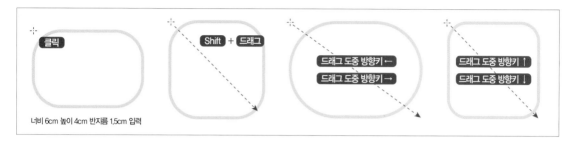

너비 6cm 높이 4cm 반지름 1.5cm 입력

드래그 도중 클릭을 꾹 유지한 상태로 키보드의 좌 방향키 ←를 누르면 각진 모서리가 되고 우 방향키 →를 누르면 최대로 둥근 모서리가 됩니다. 상 방향키 ↑를 누르면 모서리가 점점 더 둥글어지고 하 방향키 ↓를 누르면 점점 더 각지게 됩니다.

◯ 원형 도구(Ellispse Tool) 단축키 Ⓛ

원을 그리는 도구입니다. 그리는 방법은 사각형 도구와 같습니다.

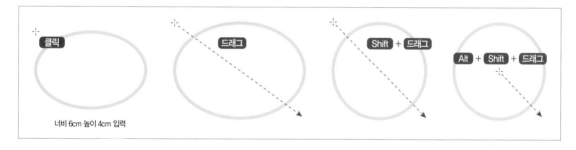

너비 6cm 높이 4cm 입력

⬡ 다각형 도구(Polygon Tool)

다각형을 그리는 도구입니다. 드래그 하여 다각형을 그립니다.

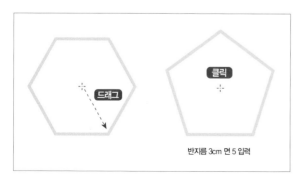

반지름 3cm 면 5 입력

1️⃣ 다각형 도구는 Alt 키를 누르지 않아도 작업화면을 클릭한 지점이 도형의 중앙이 됩니다. Shift 를 함께 누르면 각도가 비뚤어지지 않고 수평하게 그려집니다.

2️⃣ 작업화면을 클릭하면 다각형 도구의 대화상자가 열립니다. 중앙부터 모서리까지 반지름과 면의 개수를 입력합니다.

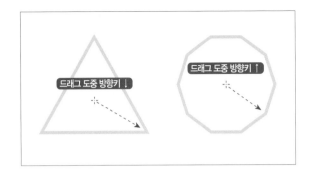

③ 드래그 도중 클릭을 꾹 유지한 상태에서 하 방향키 ↓를 누르면 면 개수가 줄어들고 상 방향키 ↑를 누르면 면 개수가 늘어납니다.

⭐ 별모양 도구(Star Tool)

별을 그리는 도구입니다. 그리는 방법은 다각형 도구와 같습니다.

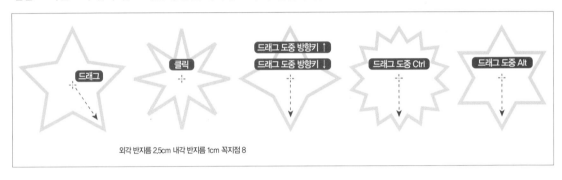

외각 반지름 2.5cm 내각 반지름 1cm 꼭지점 8

드래그 도중 클릭을 꾹 유지한 상태에서 Ctrl 키를 누르고 드래그 하면 반지름 길이를 조절할 수 있고 Alt 를 누르면 수평한 면이 됩니다. 조절이 다 끝난 뒤 마우스를 떼기 전 Shift 를 누르면 각도가 비뚤어지지 않고 수평한 도형이 됩니다.

🔆 플레어 도구(Flare Tool)

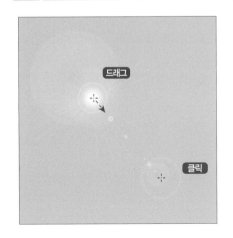

드래그 하여 카메라 렌즈 내부에서 생기는 빛 번짐 효과인 플레어 효과를 나타내는 도형을 그립니다. 자동으로 빛을 표현하기 위한 혼합 모드가 적용되어 있으므로 색이 있는 도형 위에 그릴 때 효과가 더욱 잘 표현됩니다.
작업화면을 클릭하면 다른 도형 도구처럼 세부 사항을 조절할 수 있는 대화상자가 열립니다.

실전 예제로 배우는 일러스트레이터

CHAPTER 02 선 도구

| Line Tool |

여러 가지 형태의 선을 그립니다.

✏️ 선분 도구(Line Segment Tool) 단축키 Ⓦ

직선을 그리는 도구입니다. 그리는 방법은 사각형 도구와 같습니다.

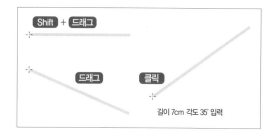

길이 7cm 각도 35° 입력

📐 호 도구(Arc Tool)

호를 그리는 도구입니다. 그리는 방법은 사각형 도구와 같습니다. 패스의 시작점과 끝점이 연결되어있지 않은 열린 타입(Open Type)이 있고 시작점과 끝점이 연결되어있는 닫힌 타입(Close Type)이 있습니다. 작업 화면을 클릭하여 열리는 대화상자에서 선택합니다.

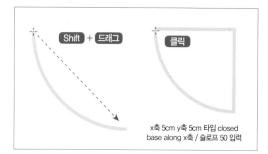

x축 5cm y축 5cm 타입 closed
base along x축 / 슬로프 50 입력

🌀 나선형 도구(Spiral Tool)

나선형을 그리는 도구입니다. 그리는 방법은 사각형 도구와 같습니다.

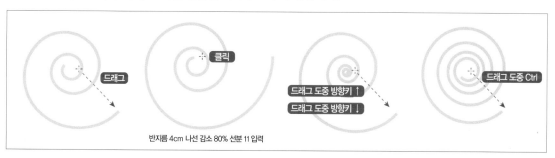

반지름 4cm 나선 감소 80% 선분 11 입력

드래그 도중 클릭을 꾹 유지한 상태로 키보드의 상 방향키 Ⓣ를 누르면 선분의 개수가 늘어나고 하 방향키 Ⓣ를 누르면 줄어듭니다. 드래그 도중 클릭을 꾹 유지한 상태로 Ctrl키를 누르고 드래그 하면 나선 감소 수치를 조절할 수 있습니다.

⊞ 사각형 격자 도구(Rectangular Grid Tool)

사각형 격자를 그리는 도구입니다. 그리는 방법은 사각형 도구와 같습니다.
드래그 도중 클릭을 꾹 유지한 채로 키보드의 방향키를 눌러 격자 선분의 개수를 조절할 수 있습니다.

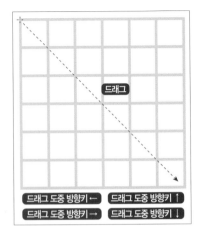

◉ 극좌표 격자 도구(Polar Grid Tool)

원형의 극좌표 격자를 그리는 도구입니다. 그리는 방법은 사각형 도구와 같습니다.
드래그 도중 클릭을 꾹 유지한 채로 키보드의 방향키를 눌러 격자 선분의 개수를 조절할 수 있습니다.

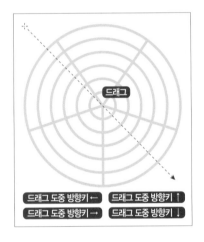

획(Stroke) 패널 단축키 Ctrl + F10

획 패널에서 획의 여러 가지 속성을 변경할 수 있습니다.

❶ 일러스트레이터의 패널은 축소화되어있는 경우가 많습니다. 패널의 탭을 더블클릭하거나 메뉴 버튼을 눌러 [Show options]를 클릭하면 모든 옵션을 확인할 수 있습니다.

❷ Weight : 선 두께

❸ Cap : 선 끝 처리
■ 끝 고정점을 획으로 감싸지 않는 방식 ◨ 둥글게 감싸는 방식 ◨ 각지게 감싸는 방식

❹ Conner : 모서리 처리
◨ 일반적인 처리 ◨ 둥근 처리 ◨ 경사진 처리

❺ Align Stroke : 획의 위치
◨ 패스를 기준으로 가운데 위치 ◨ 패스 안쪽에 위치 ◨ 패스 바깥쪽에 위치

❻ Dashed Line : 점선, 파선 만들기
[dash] 점의 길이 [gap] 점과 점 사이의 거리

❼ Arrowheads : 선 끝 모양을 화살표, 자르기 표시 등 다양하게 변경

❽ Profiles : 선 폭의 형태 선택

실전 예제로 배우는 일러스트레이터

선택 도구로 오브젝트를 선택하면 옵션바 [Transform] 항목의 너비(W) 높이(H)에서 크기를 확인하고 수정할 수 있습니다. 종횡비 고정 버튼 ⮌ 을 누르면 너비와 높이의 비율이 유지되고 누르지 않으면 각각 조절됩니다.

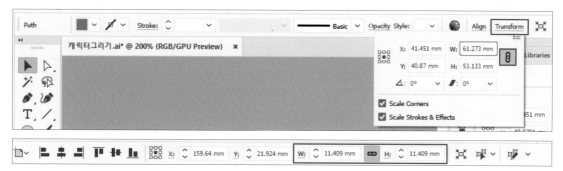

사용 단위를 변경할 경우 단축키 Ctrl + R 을 누르면 화면 파일 상단과 왼쪽에 눈금자가 활성화 됩니다. 눈금자 위에서 마우스 우클릭 하여 단위를 변경합니다. 단축키를 한번 더 누르면 눈금자가 비활성화 됩니다.

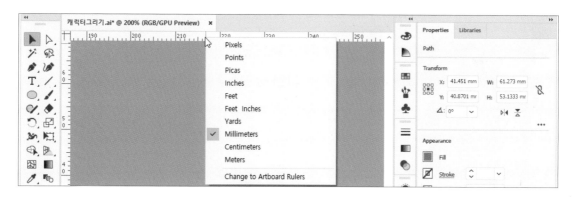

투명 격자 보기

일러스트레이터에서는 아무 내용이 없는 레이어나, 투명한 영역의 화면을 다음과 같은 격자로 표시합니다.
단축키 Ctrl + Shift + D 를 누르면 투명 격자 화면이 되고 다시 한번 더 누르면 일반 화면이 됩니다.

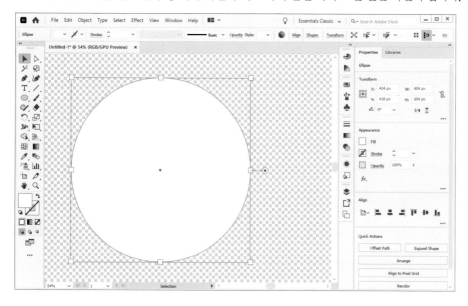

1 캐릭터의 귀를 그리기 위해 ⬤원형 도구ㄴ로 2개의 원을 겹쳐 그립니다.
▶선택 도구ㆁ로 각각 선택한 뒤 칠(Fill) 색상 피커를 더블클릭하여 색을 지정합니다.

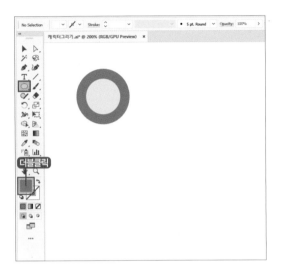

2 ▶선택 도구ㆁ로 두 개의 원을 모두 선택하고 드래그 하며 [Alt]키를 눌러 오른쪽에 복사합니다.

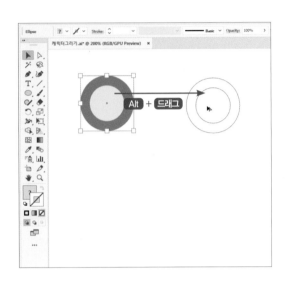

3 ⬤원형 도구ㄴ로 얼굴이 될 타원을 그린 다음, ✎스포이트 도구ㅣ를 선택하고 동일한 색을 추출할 부분을 클릭합니다. 귀 부분을 클릭하여 같은 색을 지정하였습니다.

4 ▷직접 선택 도구ㅿ로 얼굴 부분 원형의 상단 고정점만 선택한뒤 아래로 드래그하고, 하단 고정점만 선택한 뒤 위로 드래그 하여 얼굴 모양을 변경합니다.

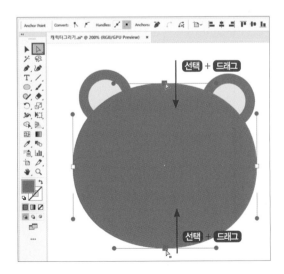

5 고정점에 있는 방향선(Handle)을 드래그하여 선분의 모양을 더욱 세밀하게 조절합니다.

6 ☑선분 도구🅦로 드래그하여 눈을 그리고 선 두께와 색을 지정한 뒤, 선(Stroke) 패널에서 양 끝을 둥글게 처리합니다. 선 패널 메뉴가 다 보이지 않을 경우 ❺ 의 메뉴 버튼을 눌러 [Show options] 합니다.

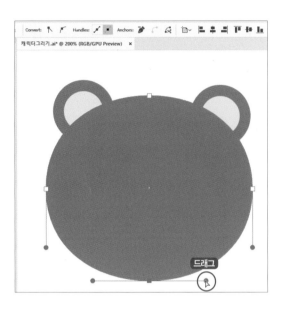

7 ▶선택 도구🅥로 오브젝트를 선택하고 🅐🅛🅣키를 눌러 드래그 하여 하나 더 복사합니다.

8 ◯원형 도구🅛로 원을 그리고 색을 지정한 뒤 ▷직접 선택 도구🅐로 원의 왼쪽, 오른쪽 고정점을 같이 선택하고 드래그하여 모양을 변경합니다.

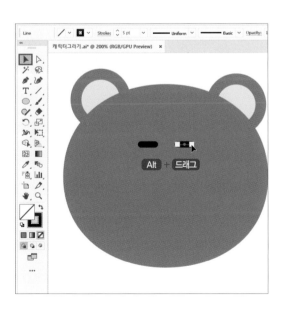

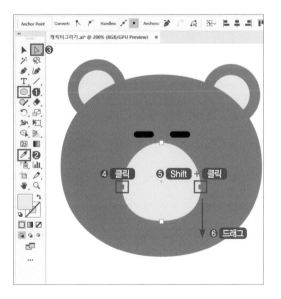

9 테두리를 적용하기 위해 선(Stroke) 색상 피커를 더블 클릭하여 색을 적용하고 선 패널에서 두께를 지정합니다. ◯원형 도구ㄴ로 코가 될 원을 그립니다.

10 ▷직접 선택 도구A로 원의 상단 고정점을 아래로 드래그하여 코 모양을 변경합니다.

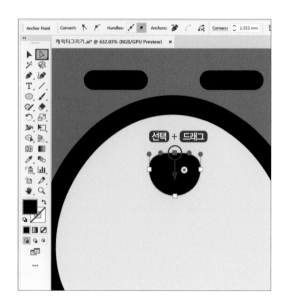

11 ✑선분 도구w로 직선을 그린 뒤 복사하여 각도를 회전합니다.

12 하나 더 복사한 뒤 회전하여 입 모양을 완성합니다.

− 완성작을 참고하여 도형 도구, 선 도구 등을 활용한 패턴 배경을 만들고 다양한 동물 캐릭터를 그려봅니다.

실전 예제로 배우는
일러스트레이터

색상 적용

| Color |

일러스트레이터의 오브젝트는 패스의 안쪽 공간과 패스 선분 두 영역에 색을 적용할 수 있습니다. 패스 안쪽을 채우는 것은 칠(Fill) 속성, 패스 선분에 테두리를 적용하는 것은 획(Stroke) 속성입니다.

색상 피커

도구 박스 하단에 색상 피커가 있습니다. 선택 도구로 오브젝트를 먼저 선택한 뒤 색을 적용합니다.

❶ Fill(칠) 색상 ❷ Stroke(획) 색상입니다. 각 영역을 클릭하면 색상 피커 대화상자가 열립니다. 칠/획 속성 선택을 변경하려면 단축키 ⓧ를 누릅니다.

❸ Fill 색상과 Stroke 색상을 교체합니다. 단축키 Shift + ⓧ

❹ Default Color : Fill 색상은 흰색, Stroke 색상은 검은색으로 색상값을 초기화 합니다. 단축키 ⒟

❺ 단색 적용 단축키 ⟨,⟩(쉼표) ❻ 그레이디언트 적용 단축키 ⟨.⟩(마침표) ❼ 색 없음 단축키 ⟨/⟩(슬래시)

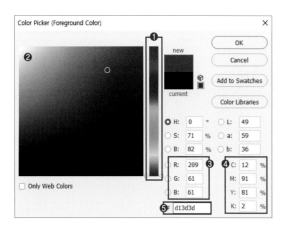

❶ Spectrum Slider : 슬라이더를 드래그하여 색조를 선택합니다.

❷ Sample Color : 색 영역을 드래그 하여 채도와 명도를 조절합니다.

❸ RGB : 디스플레이는 8비트를 빨강, 초록, 파랑에 각각 할당하여 색을 표현하므로 색이 없으면 0, 원색은 255입니다. 따라서 (0, 0, 0)은 검정, (255, 255, 255)는 흰색, (255, 0, 0)은 빨강, (255, 255, 0)은 노랑입니다.

❹ CMYK : 인쇄될 염료 원색의 백분율을 나타냅니다. (0, 0, 0, 0)%면 아무것도 인쇄되지 않아 흰색이고 모두 적절히 혼합하면 혼합된 검정, 블랙 염료만 사용할 경우 순수한 검정 (0, 0, 0, 100)%가 됩니다.

• 색상 모드의 자세한 내용은 15p를 참고합니다.

❺ 웹에서 사용하는 HTML 색 코드로 RGB 값을 십육진수로 나타냅니다.

색상(Color) 패널

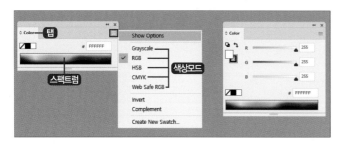

칠 속성과 획 속성을 지정하여 색상 스펙트럼에서 색을 선택하거나 개별 원색의 슬라이더를 드래그하여 조정 또는 색상 값 텍스트 상자에서 수치를 입력하여 색을 선택할 수 있습니다. 문서의 전체 색상 모드와는 별개로 색상 패널에서 오브젝트 마다 다른

색상 모드를 활용할 수 있습니다.

패널이 축소화되어있다면 패널의 탭을 더블클릭하거나 메뉴 버튼█을 눌러 [Show options]를 클릭하면 모든 옵션을 확인할 수 있습니다.

견본(Swatches) 패널

견본 패널은 단색, 그레이디언트 및 패턴 조각을 불러오거나 저장하여 채색을 용이하게 하는 패널입니다. 개별 조각 또는 색상 그룹 견본이 있습니다. 새 조각을 만들 경우 패널 하단 추가 버튼을 눌러 견본으로 저장하거나 라이브러리 버튼을 눌러 항목을 선택하여 기본 견본을 불러옵니다.

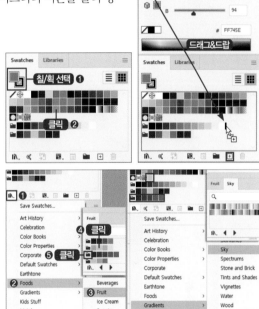

색상 지정하기

오브젝트 선택 후 속성을 선택하고 색상 조각을 클릭합니다.

색상 패널에서 견본 추가하기

새 견본 추가버튼(▣)을 누르거나 색상 패널로 스와치를 드래그&드랍 합니다.

단색, 그레이디언트 견본 추가하기

Libraries 버튼█.을 누르고 메뉴에서 항목을 선택합니다. 개별 조각이나 폴더를 클릭하면 견본 패널에 추가됩니다.

✎ 스포이트 도구(Eyedropper Tool) 단축키 Ⅰ

작업화면을 클릭하여 색상을 찾거나 오브젝트 선택 후 스포이트 도구로 다른 오브젝트를 클릭하면 속성과 색상을 동일하게 적용해주는 도구입니다. Shift를 누르고 클릭하면 속성은 제외하고 색상만 동일하게 적용합니다.

 ▶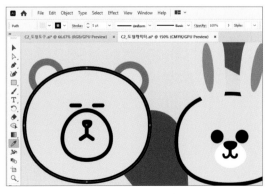

색상 모드

[File]-[Document Color Mode] 메뉴에서 문서의 색상 모드를 선택할 수 있습니다. • 색상 모드의 자세한 설명은 15p를 참고합니다.

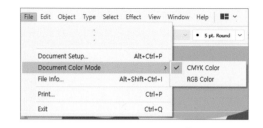

불투명도(Opacity)

오브젝트 선택 후 옵션바 또는 Transparency(투명도) 패널에서 [Opacity] 항목으로 오브젝트의 불투명도를 조절할 수 있습니다. 값이 낮을수록 오브젝트가 투명하게 표현됩니다.

CHAPTER

02 그레이디언트

| Gradient |

여러 가지 색상을 단계적으로 자연스럽게 혼합합니다. 칠 단축키 . (마침표) / 도구 단축키 G

그레이디언트(Gradient) 패널 단축키 Ctrl + F9

1 ▣사각형 도구 M로 사각형을 그립니다.

2 오브젝트 선택 후 단축키 . (마침표)를 누르면 그레이디언
트가 적용 됩니다. 또는 그레이디언트 패널의 섬네일을
클릭합니다. Fill/Stroke 속성 모두 그레이디언트를 적용
할 수 있습니다.

3 슬라이더의 색상 정지점(Color Stop)을 선택하고 색상 패
널에서 색을 지정하거나 정지점을 더블클릭하여 다양한
방법으로 색상을 지정합니다. 대화상자의 스포이트를 사
용하면 다른 오브젝트의 색상을 정지점 색상으로 추출할
수 있습니다.

4 그레이디언트 색상 정지점이 무채색인 경우 색상 패널의 원색이 검은색(K)만 나타납니다. 옵션 버튼≡을 눌러 RGB 또는
CMYK 모드로 변경합니다. 색상 패널의 모드는 문서의 전체 색상 모드와 별개로 활용됩니다. 스와치 패널에 있는 단색 조
각을 색상 정지점으로 사용할 경우 Alt 를 누르고 조각을 클릭합니다.

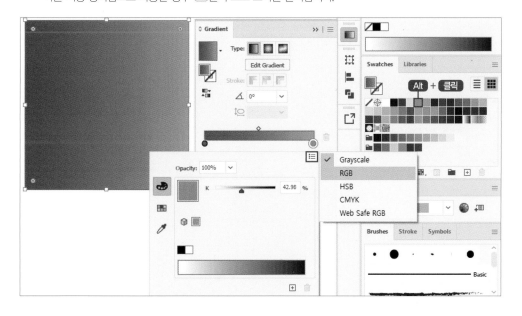

5 Location(위치) 버튼◇을 드래그 하여 두 정지점 사이의 색 범위를 조절합니다.

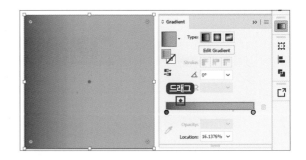

6 색상 정지점을 클릭하고 [Opacity] 항목으로 불투명도를 조절합니다. 값이 낮을수록 투명하게 표현됩니다.

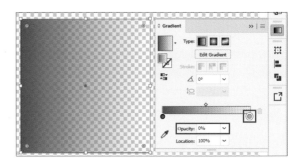

7 그레이디언트 적용 후 ▣그레이디언트 도구(Gradient Tool) 단축키 Ⓖ를 선택하면 오브젝트에서 직접 드래그하여 방향과 각도를 설정하거나 그레이디언트 패널의 슬라이더와 동일하게 색상 정지점 추가, 삭제, 위치 이동 등의 편집을 할 수 있습니다. 오브젝트에 그레이디언트를 조절하는 Annotator가 보이지 않는 경우 [View]–[Show Gradient Annotator] 메뉴를 클릭합니다. • 그레이디언트 도구로 그레이디언트를 적용할 때는 오브젝트를 한 번 클릭합니다.

• Stroke 속성에는 그레이디언트를 적용할 수 있지만 그레이디언트 도구는 사용할 수 없습니다.

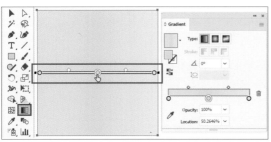 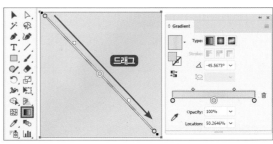

8 색상 정지점은 슬라이더에서 클릭하여 추가하고 삭제할 경우 선택 후 휴지통 버튼을 누르거나 슬라이더 아래로 드래그 하여 삭제합니다. 색상 정지점을 Alt키 누르고 드래그하면 복제할 수 있습니다.

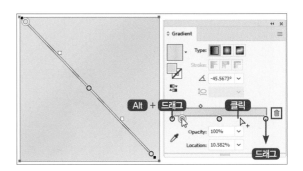

그레이디언트 타입

■선형(Linear Gradient)
직선 형태로 그레이디언트가 적용됩니다.

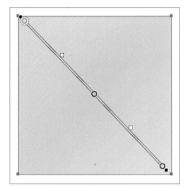

■원형(방사형)(Radial Gradient)
원형으로 적용되고 Annotator의 각 조절점을 드래그하여 폭, 크기 등을 조절합니다.

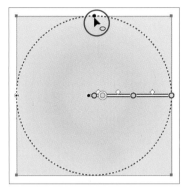

■자유형(Freeform Gradient)
특정한 형태 없이 사용자가 원하는 곳을 클릭하여 색상을 추가합니다. CC 2018부터 추가된 기능입니다.

구 만들기

1 500*500px / 72ppi / RGB 모드의 새 문서를 만들고, ◎원형 도구L로 Shift키를 누르고 드래그 하여 정 원을 그립니다. 단축키 .(마침표)를 눌러 칠(Fill) 속성에 그레이디언트를 적용하고 그레이디언트 패널의 슬라이더에서 색상 정지점(Color Stop)을 추가하여 5단계로 점차 진해지는 색을 적용합니다. [Type]은 [Radial Gradient]를 선택합니다.

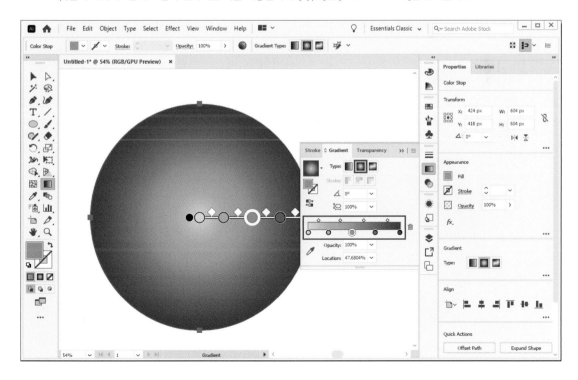

2 ■그레이디언트 도구 ⓖ로 오브젝트 위에서 왼쪽 상단에서부터 사선으로 드래그하여 그레이디언트 방향을 변경합니다.

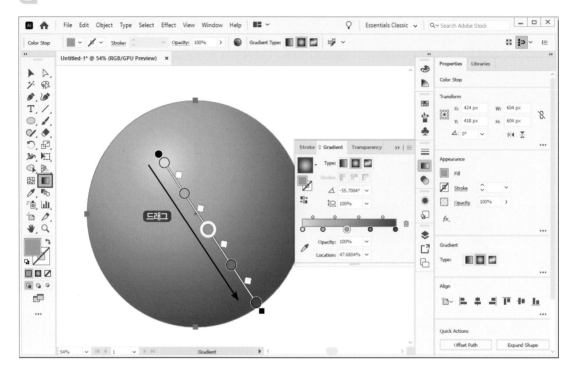

3 4번째 색상 정지점을 [Alt]키 누르고 드래그하여 복사하고 맨 끝으로 이동하여 반사광을 만듭니다. 나머지 색상 정지점도 드래그하여 사이 간격을 일정하게 조정합니다.

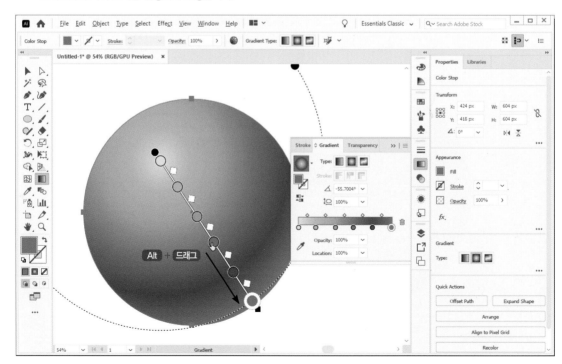

4 ◎원형 도구ⓛ로 그림자를 표현할 타원을 그리고 [Linear Gradient] 타입을 적용합니다. 색상 정지점은 양 끝에 각각 두고 검은색을 선택합니다. 자연스럽게 흐려지는 그림자를 나타내기 위해 오른쪽 검은색 색상 정지점은 그레이디언트 패널에서 [Opacity]를 0%로 지정합니다.

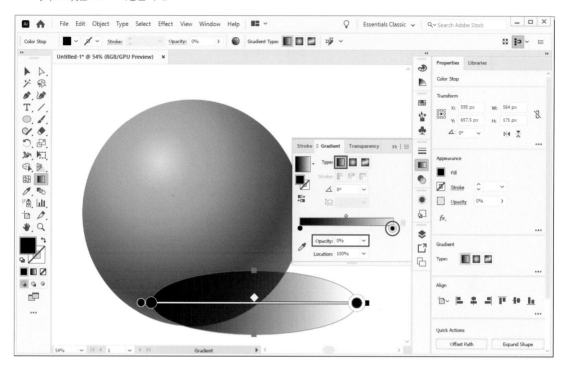

5 ▶선택 도구ⓥ로 회전합니다.

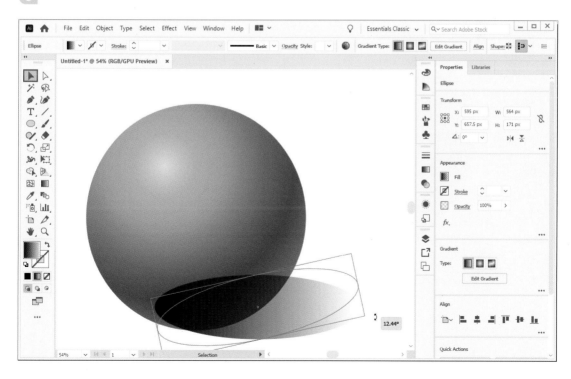

6 작업화면에서 마우스 우클릭하여 [Arrange] 메뉴에서 [Send to Back] 하고 그림자 오브젝트를 맨 뒤로 보냅니다.

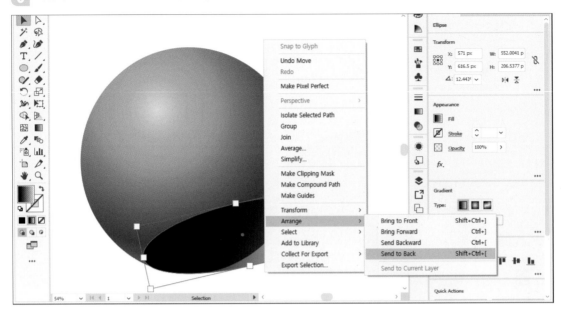

7 그림자의 가장자리를 더욱 부드럽게 처리하기 위해 그림자 오브젝트를 선택하고 [Effect]-[Blur]-[Gaussian Blur] 메뉴를 클릭합니다. 대화상자의 [Radius] 항목을 10pixels로 입력하고 [OK] 합니다.

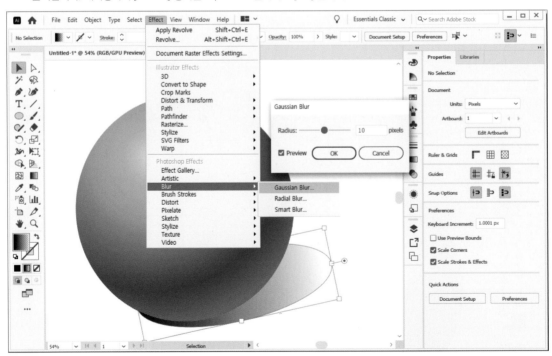

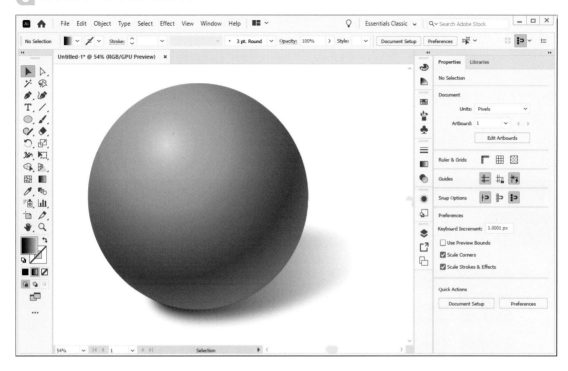

8 입체적인 구 도형이 완성되었습니다. • Effect에 관한 자세한 사항은 Part 9의 스타일화, 왜곡과 변형 효과를 참고합니다.

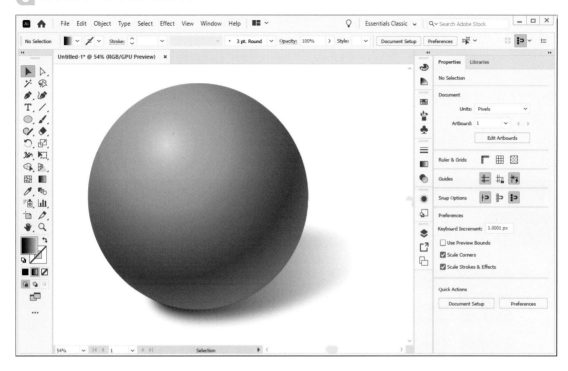

도형이 비뚤어지게 그려지거나, 화면에 원근감 격자가 표시될 때

원근감 격자 도구(Perspective Grid Tool) Shift+P를 선택하거나 단축키 Ctrl+Shift+I를 누르면 작업화면에 원근감 격자와 위젯이 표시되며 오브젝트에 원근감을 적용합니다. 다른 도구를 선택해도 격자는 없어지지 않으므로 단축키 Ctrl+Shift+I를 눌러 격자를 해제합니다. (메뉴바 [View]-[Perspective Grid]-[Hide Grid])

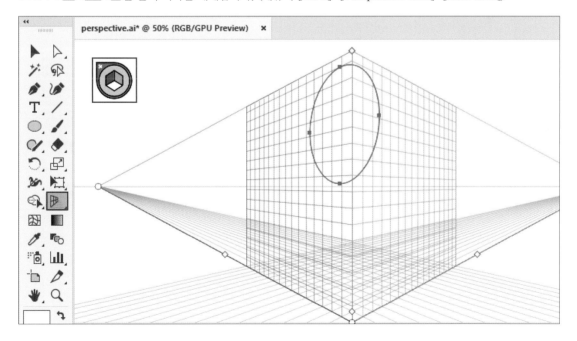

Ai 색상 선택과 배색 참고 사이트

색은 사용 면적이나 배색에 따라 느낌이 달라집니다. 아래의 웹사이트에서 컨셉에 맞는 색상 선택이나 여러 가지 배색을 참고할 수 있습니다.

Adobe Color
https://color.adobe.com/ko

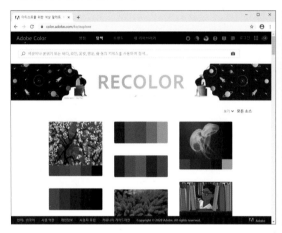

paletton
http://paletton.com

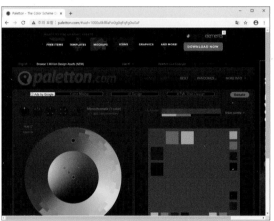

itmeo
https://webgradients.com

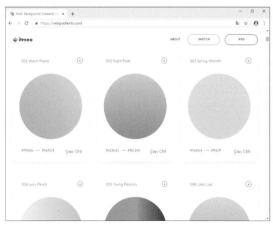

Colorsupply
https://colorsupplyyy.com/app

- 채색이 되어있지 않은 오브젝트들을 선택하여 자유롭게 채색합니다.

PART

04

배열과 정렬

CHAPTER

01

배열

| Arrange |

모든 오브젝트는 레이어 내에서 계층적으로 쌓입니다. 레이어 패널의 맨 아래 오브젝트는 작업화면에서 맨 뒤에 있습니다.

레이어(Layer) 패널 ■ [Part4]-[배열과정렬.ai]

레이어는 오브젝트가 포함된 하나의 층입니다. 오브젝트의 정리와 배열을 조정하고 레이어가 여러 개라면 층을 여러 장 쌓아 작업하는 것과 같습니다.

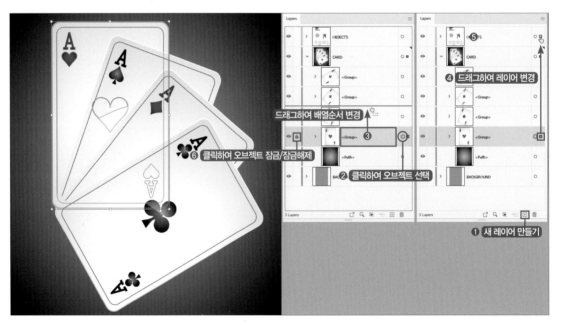

❶ 사용자의 편의에 맞게 오브젝트들을 구분하여 작업하는 경우 레이어를 추가합니다.

❷ 선택 도구를 사용하지 않고 [Click to Target] 버튼을 눌러 오브젝트를 선택할 수 있습니다.

❸ 오브젝트 층을 드래그하여 배열 순서를 변경합니다.

❹ [Indicates Selected Art] 버튼을 드래그하여 오브젝트의 레이어 위치를 변경합니다.

❺ 레이어의 이름 부분을 더블클릭하면 이름을 변경할 수 있습니다.

❻ 잠금 영역을 클릭하여 오브젝트가 선택되지 않도록 잠그거나(단축키 Ctrl + 2) 다시 클릭하여 잠금을 해제합니다.

배열 메뉴

오브젝트를 선택하고 마우스 우클릭하여 [Arrange] 메뉴에서 배열 순서를 변경할 수 있습니다. 자주 사용하는 기능이므로 단축키를 외워두는 것이 좋습니다.

실전 예제로 배우는 일러스트레이터

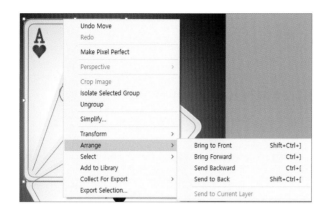

Bring to Front(맨 앞으로) [Shift]+[Ctrl]+[ ]
Bring Forward(한 단계 앞으로) [Ctrl]+[ ]
Send Backward(한 단계 뒤로) [Ctrl]+[ ]
Send to Back(맨 뒤로) [Shift]+[Ctrl]+[ ]

그리기(Draw) 모드 단축키 [Shift]+[D]

그리기 모드에 따라 오브젝트 생성 시 배열 순서가 다릅니다. 오브젝트가 아래로 생긴다면 일반모드로 변경합니
다. • 자세한 사항은 39p를 참고합니다.

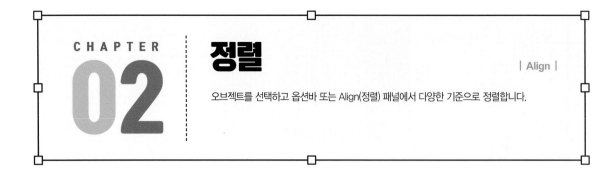

CHAPTER
02

정렬

| Align |

오브젝트를 선택하고 옵션바 또는 Align(정렬) 패널에서 다양한 기준으로 정렬합니다.

Align To

정렬 대상을 먼저 선택한 뒤 정렬 아이콘을 클릭합니다.

Align To Selection : 선택한 오브젝트끼리 정렬합니다.

Align To Key Object : 키 오브젝트를 지정하면 해당 오브젝트가 기준이 되어 움직이지 않고 나머지 오브젝트를 그에 맞춰 정렬합니다. 정렬할 오브젝트를 모두 선택한 다음 기준이 될 오브젝트를 다시 한번 더 클릭합니다. 패스 획이 두껍게 표시됩니다. (키 오브젝트를 해제할 경우 다시 한번 더 클릭합니다.)

Align To Artboard : 대지를 기준으로 오브젝트를 정렬합니다.

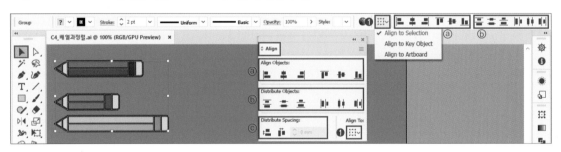

ⓐ Align Object : 오브젝트 정렬

왼쪽부터 차례로 각 오브젝트의 [왼쪽 가장자리], [수평 중앙], [오른쪽 가장자리], [위쪽 가장자리], [수직 중앙], [아래쪽 가장자리]를 기준으로 한쪽으로 이동하여 정렬합니다.

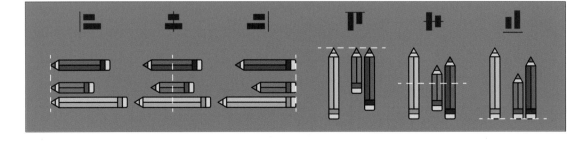

ⓑ Distribute Object : 균등한 오브젝트 분배

왼쪽부터 차례로 각 오브젝트의 [위쪽 가장자리], [수직 중앙], [아래쪽 가장자리], [왼쪽 가장자리], [수평 중앙], [오른쪽 가장자리]를 기준으로 같은 간격이 되도록 분산시킵니다. 따라서 선택한 오브젝트들의 너비나 높이가 같

은 경우에는 사이 간격도 같지만 오브젝트의 형태가 각각 다른 경우, 기준 위치와 다음 기준 위치까지의 거리는 균등하나 오브젝트의 사이 간격은 다를 수 있습니다.

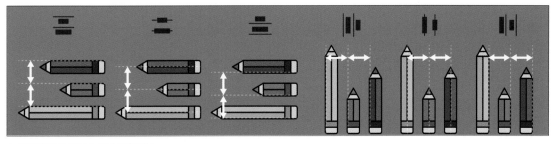

▲ 오브젝트의 너비나 높이가 같은 경우

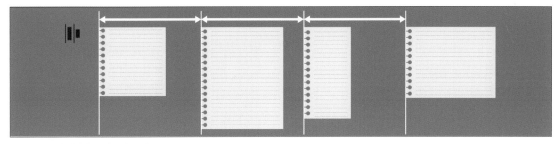

▲ 오브젝트의 너비나 높이가 다른 경우

ⓒ Distribute Spacing : 균등한 간격 분배

정렬 기준을 오브젝트의 상, 하, 좌, 우, 중앙에 두지 않고 오브젝트 간의 사이 간격만을 기준으로 [세로 간격], [가로 간격]을 고르게 분산시킵니다.

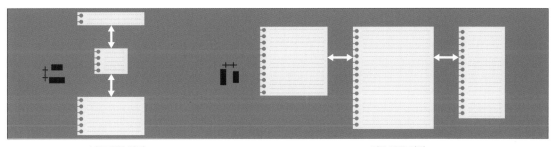

▲ 세로 균등 간격　　　　　　　　　　　　　　▲ 가로 균등 간격

키 오브젝트를 활용하여 간격 수치 지정

정렬할 오브젝트를 모두 다 선택한 다음 기준이 될 키 오브젝트를 다시 한번 클릭하여 지정합니다. 정렬 패널의 [Distribute Spacing] 항목에서 수치를 입력하고 정렬 방향에 따라 [세로 간격] 또는 [가로 간격] 버튼을 클릭합니다.

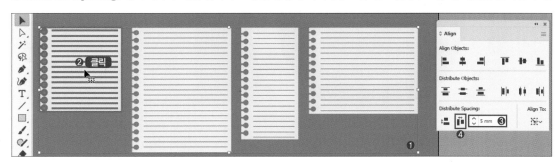

수치에 숫자 0을 입력하고 정렬 방향에 따라 [세로 간격] 또는 [가로 간격] 버튼을 클릭하면 거리 없이 딱 붙여 정렬합니다.

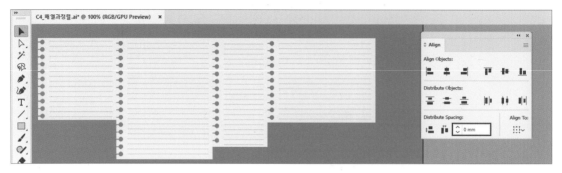

그룹(Group)

여러 오브젝트를 그룹으로 만들어 일괄적으로 선택, 변형할 수 있습니다. 그룹으로 묶인 오브젝트들은 선택 도구로 한 번에 선택됩니다. 그룹으로 묶을 오브젝트를 모두 선택 후 마우스 우클릭하여 [Group]을 클릭합니다. 단축키 Ctrl + G

해제할 경우 [UnGroup]합니다. 단축키 Ctrl + Shift + G

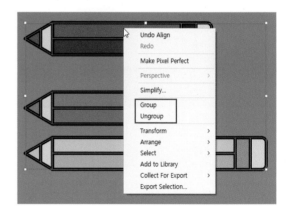

★중요★ 정렬 시 그룹의 오브젝트들은 각각 개별로 정렬되지 않고 하나의 오브젝트처럼 정렬됩니다.

🐭 가이드 만들기

1 단축키 Ctrl + R 을 눌러 눈금자를 활성화 합니다. 눈금자 위를 클릭하고 드래그하면 가이드 선이 생성됩니다.

삭제하려면 ▶선택 도구 V 로 선택하고 Delete 키를 눌러 삭제하거나, 다시 눈금자로 드래그합니다. 잠겨있는 가이드는 선택되지 않습니다.

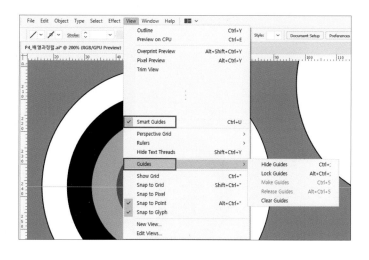

2 [View]–[Guides] 메뉴에서 가이드를 숨기거나 잠그고, 한번에 모두 삭제합니다.

[Smart Guides] 메뉴가 활성화(체크) 되어있으면 작업화면에 중앙, 왼쪽 가장자리, 오른쪽 가장자리 등이 표시되어 정렬을 수월하게 할 수 있습니다.

정렬 실습

1 ▶선택 도구ⓥ로 오브젝트를 모두 선택하고 옵션바의 정렬 대상을 [Align To Selection]으로 선택합니다.

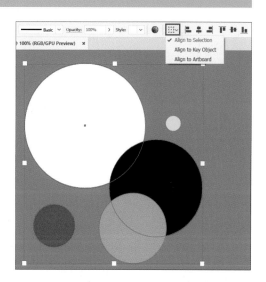

2 [수평 중앙] 정렬 아이콘을 클릭하여 수평의 중앙을 정렬합니다.

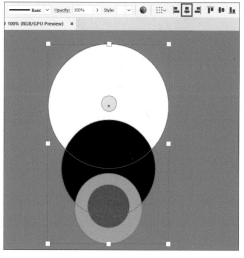

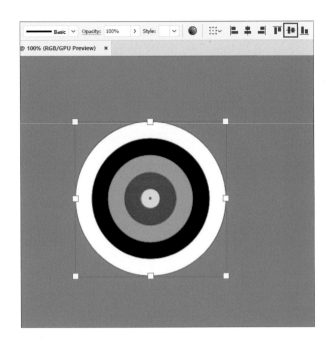

3 [수직 중앙] 정렬 아이콘을 클릭하여 수직의 중앙을 정렬합니다.

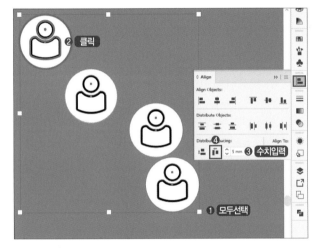

4 ▶선택 도구ⓥ로 오브젝트를 모두 선택하고 기준이 될 오브젝트를 한번 더 클릭하여 키 오브젝트를 지정합니다. 정렬(Align) 패널에서 [Distribute Spacing] 항목에 정렬할 간격 수치를 5mm 입력하고 [가로 간격] 아이콘을 클릭합니다.

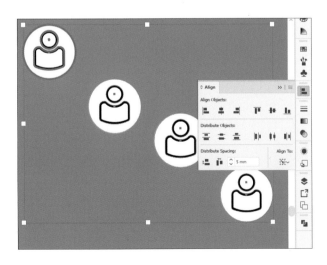

5 오브젝트들의 간격이 5mm로 정렬되었습니다.

6 수치를 0mm로 입력하고 [세로 간격] 아이콘
을 클릭합니다. 오브젝트들이 서로 간격 없이
딱 맞게 정렬되었습니다.

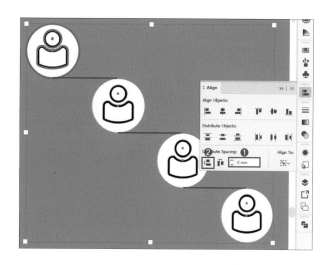

실전 예제로 배우는
일러스트레이터

변형

변형

| Transform |

오브젝트의 크기 조절, 회전, 기울이기, 늘이기 또는 뒤틀기 등의 작업을 합니다.

크기 조절 도구(Scale Tool) 단축키 S

오브젝트 크기를 조절합니다. 선택 도구로 오브젝트 선택 후 단축키 S를 눌러 크기 조절 도구로 변경합니다. 도구 박스에서 도구를 더블 클릭 하거나 Enter 키를 누르면 대화상자가 열립니다.

❶ Uniform : 너비와 높이 비율 동일하게 조절(100%=현재 크기)
❷ Non-Uniform : 너비와 높이 비율 각각 조절
　Horizontal : 수평 가로 너비 조절
　Vertical : 수직 세로 높이 조절
❸ Scale Corners : [체크] 오브젝트 크기가 조절될 때 적용된 모서리의 라운드 수치가 같은 비율로 조절. [체크 해제] 적용된 모서리의 라운드 수치는 조절되지 않음
❹ Scale Strokes & Effects : [체크] 오브젝트 크기가 조절될 때 적용된 획의 두께/적용된 효과 수치가 같은 비율로 조절. [체크 해제] 획의 두께/적용된 효과 수치는 조절되지 않음
❺ Transform Objects : 오브젝트 크기 변형
　Transform Patterns : 오브젝트에 적용된 패턴 크기 변형
❻ Preview : 변형 사항 미리보기　❼ Copy : 오브젝트 복제

• 정확한 수치를 입력하여 크기를 조절할 경우 옵션바 너비(Width (W)) 높이(Height (H)) 박스에서 입력합니다.

참조점(고정점) 활용 📁 [Part5]-[변형.ai]

1 변형 도구들은 참조점을 기준으로 오브젝트를 변형합니다. 작업화면에서 오브젝트 변형 시 기준이 될 고정 위치를 클릭하면 참조점의 위치가 변경됩니다. 그 후 오브젝트를 드래그 하여 크기를 조절합니다.

2 참조점의 위치를 변경하였더라도 Enter 키를 누르면 다시 오브젝트의 중앙이 고정되어 대화상자가 열립니다.

3 참조점의 위치를 변경하고 대화상자를 열 경우. 참조점을 클릭하기 전에 Alt 키를 누르고 클릭합니다. 참조점이 변경되고 대화상자가 열립니다.

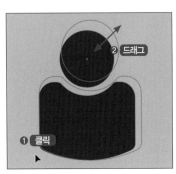

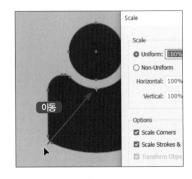

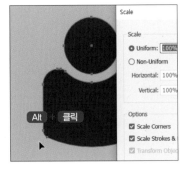

▣ 자유 변형 도구(Free Transform Tool) 단축키 E

오브젝트를 선택하고 자유 변형 도구를 선택하면 변형을 위한 위젯이 화면에 나타납니다.

▣ **비례 유지(Constrain) :** 오브젝트의 변형 전 너비와 높이 비율을 유지하여 변형합니다. (선택 도구 사용 시 Shift 키를 누르고 변형하는 것과 같습니다.) 클릭 해제(▣)하면 비례를 유지하지 않습니다.

▣ **자유 변형(Free Transform) :** 변형 박스의 조절점에 마우스를 대면 조절 화살표가 나타납니다. 드래그 하여 크기를 조절하고, 기울이거나 회전합니다. 선택 도구로 바운딩 박스를 조절하는 것과 비슷합니다.

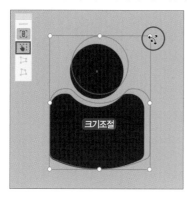
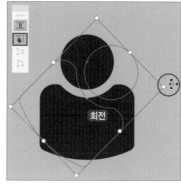
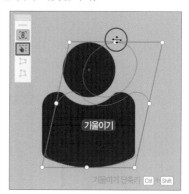

▣ **원근감 변형(Perspective Distort) :** 모서리의 조절점을 드래그 하면 반대편이 대칭으로 함께 조절되며 원근감이 적용됩니다. 단축키 Alt + Ctrl + Shift

▣ **자유 왜곡 도구 :** 조절점을 드래그하여 자유롭게 형태를 왜곡합니다. 단축키 Ctrl

• 위젯이 없는 버전 사용자는 단축키를 사용합니다. 먼저 변형 조절점을 클릭한 상태로 꾹 유지한 상태에서 그대로 단축키를 누른 뒤 드래그하여 조절합니다.

↻ 회전 도구(Rotate Tool) 단축키 R

오브젝트를 회전합니다. 선택 도구로 오브젝트 선택후 단축키 R을 눌러 회전 도구로 변경합니다. 도구 박스에서 도구를 더블 클릭 하거나 Enter키를 누르면 대화상자가 열립니다.

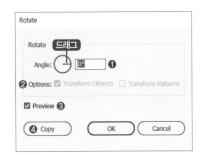

❶ Angle : 회전각도

❷ Transform Objects : 오브젝트 회전

  Transform Patterns : 오브젝트에 적용된 패턴 회전

❸ Preview : 변형 사항 미리보기

❹ Copy : 오브젝트 복제

참조점(고정점) 활용

1 변형 도구들은 참조점을 기준으로 오브젝트를 변형합니다. 작업화면에서 오브젝트 변형 시 기준이 될 고정 위치를 클릭하면 참조점의 위치가 변경됩니다. 그 후 오브젝트를 드래그하여 회전합니다.

2 참조점의 위치를 변경하였더라도 Enter 키를 누르면 다시 오브젝트의 중앙이 고정되어 대화상자가 열립니다.

3 참조점의 위치를 변경하고 대화상자를 열 경우, 참조점을 클릭하기 전에 Alt 키를 누르고 클릭합니다. 참조점이 변경되고 대화상자가 열립니다.

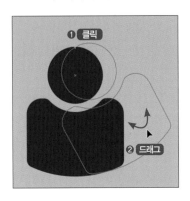

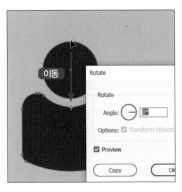

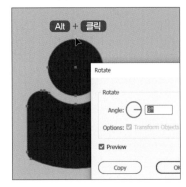

▷|◁ 반전 도구(Reflect Tool) 단축키 O

오브젝트를 반전 합니다. 선택 도구로 오브젝트 선택 후 단축키 O을 눌러 반전 도구로 변경합니다. 도구 박스에서 도구를 더블 클릭 하거나 Enter 키를 누르면 대화상자가 열립니다.

❶ Horizontal : 수평 기준으로 오브젝트 상하 반전

❷ Vertical : 수직 기준으로 오브젝트 좌우 반전

❸ Angle : 입력한 각도 기준으로 반전

❹ Transform Objects : 오브젝트 반전

  Transform Patterns : 오브젝트에 적용된 패턴 반전

❺ Preview : 변형 사항 미리보기

❻ Copy : 오브젝트 복제

• 참조점 사용 방법은 회전 도구와 같습니다.

반전 하기

1 ▶선택 도구(V)로 오브젝트를 선택합니다.

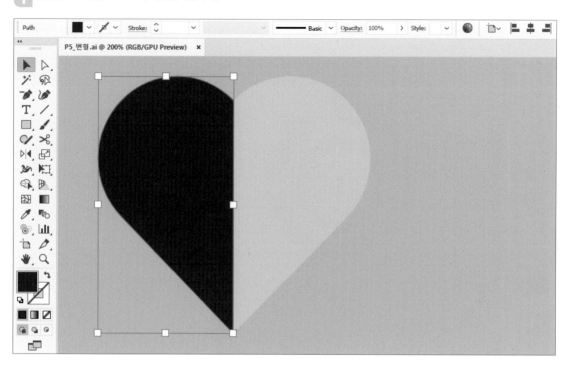

2 단축기 (O)를 눌러 ◀▶반전 도구를 선택하고 하트 모양의 수평 가운데를 (Alt)키 누르고 클릭하면 고정점을 변경한 뒤 대화상 자가 열립니다. [Vertical] 항목에 체크하고 [Copy]하여 하나 더 복제합니다.

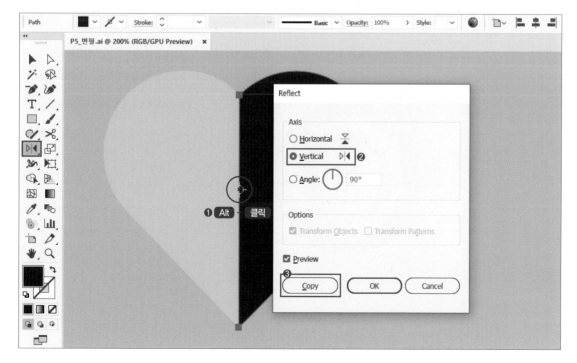

회전 하기

1 ▶ 선택 도구 Ⅴ로 오브젝트를 선택합니다.

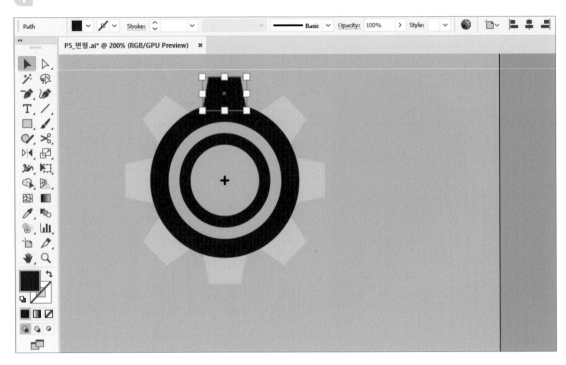

2 단축키 R을 눌러 ↻ 회전 도구를 선택하고 톱니바퀴 모양의 중앙을 Alt 키 누르고 클릭하면 고정점을 변경한 뒤 대화상자가 열립니다. [45°]를 입력하고 [Copy]하여 하나 더 복제합니다.

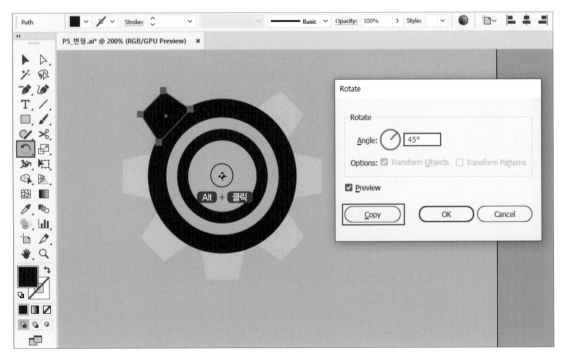

실전 예제로 배우는 일러스트레이터

3 같은 변형을 반복할 경우 작업화면에서 마우스 우클릭하여 [Transform]-[Transform Again]을 클릭합니다. 직전 작업에서 오브젝트를 변형하고 [Copy] 하였기 때문에 오브젝트가 복제되며 변형이 반복됩니다.

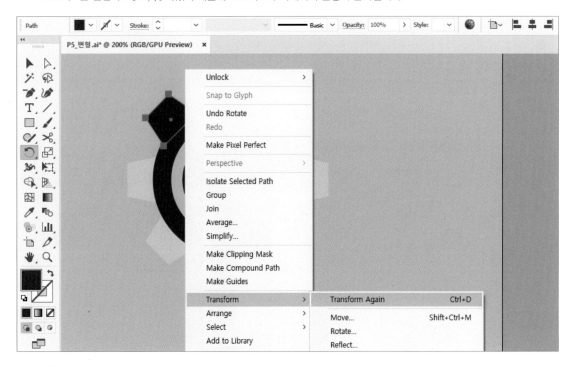

4 단축키 Ctrl+D(Transform Again)를 반복하여 눌러 5개를 더 생성하고 아이콘을 완성합니다.

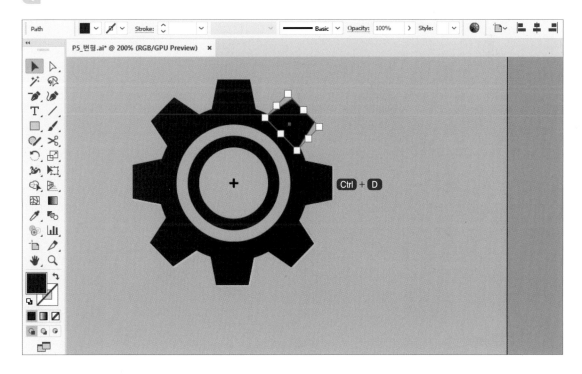

기울이기

1 ▶선택 도구 V로 오브젝트를 선택하고 단축키 Ctrl+C를 눌러 복사한 뒤, Ctrl+B(Paste in back)를 눌러 현재 오브젝트 뒤에 붙여넣기 합니다. 오브젝트가 같은 자리의 아래로 붙여 넣어집니다.

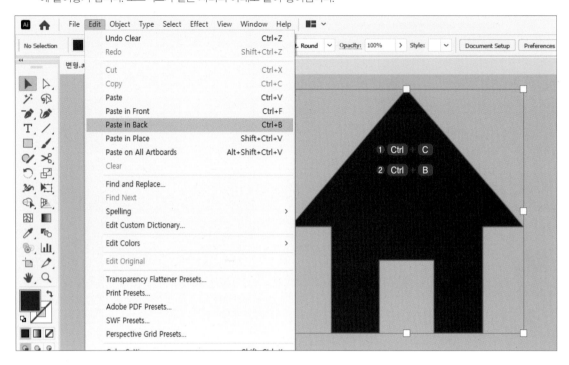

2 단축키 E를 눌러 자유 변형 도구로 비례 유지는 해제()하고, 자유 변형 아이콘을 선택합니다. 그림자를 만들기 위해 바운딩 박스의 상단 중앙 조절점을 드래그 합니다.

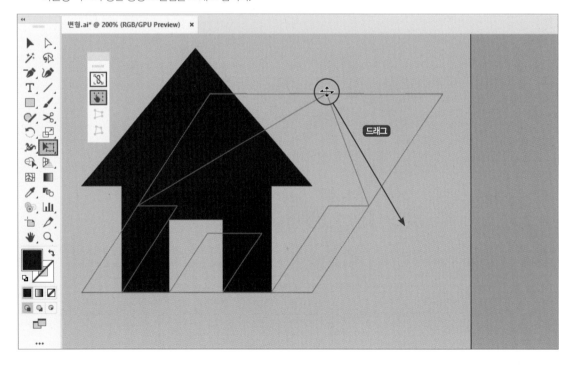

3 적절한 그림자 모양이 되도록 드래그 한 뒤 마우스를 놓습니다.

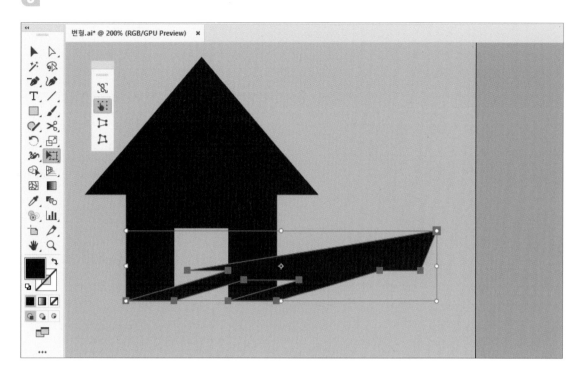

4 칠(Fill) 색상을 변경하고 그림자를 완성합니다.

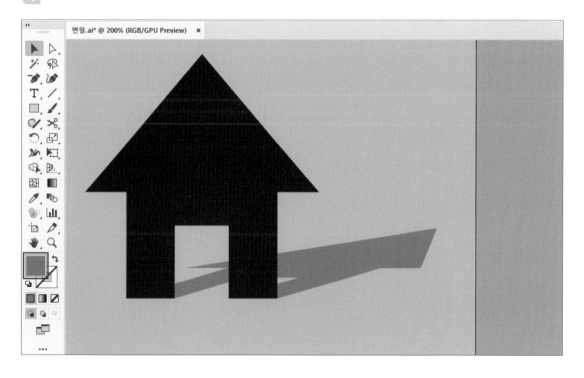

Lucky's kitchen

012 . 345. 6780
012 . 345. 6780

lucky@website.com
www.luckyskitchen.com

1234 Lemon Street
Fairbanks, AK 1121

- 명함을 디자인하고 원근감에 맞게 변형하여 Mockup(실물 모형)을 완성합니다.

드로잉

정확하게 패스 그리기

| Pen |

펜 도구를 사용하여 사용자가 직접 고정점과 고정점을 직선 또는 곡선으로 연결하며 패스를 그립니다.

펜 도구(Pen Tool) 단축키 P [Part6]-[펜.ai]

직선 그리기

클릭–클릭하여 직선으로 패스를 연결합니다. Enter 키를 누르거나 Ctrl 키를 누르고 빈 작업화면을 클릭하면 패스가 끊어집니다. 시작점에서 닫힘 커서(🖊)가 나타났을 때 클릭하면 끝점과 연결되어 닫힌 패스가 됩니다. 패스를 새로 시작할 수 있을 때는 시작점 커서(🖊)가 나타납니다.

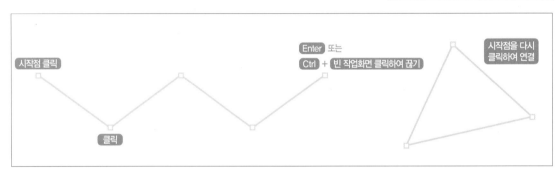

열린 패스

패스의 시작점과 종료점이 연결되어있지 않은 패스입니다.

닫힌 패스

패스의 시작점과 종료점이 일치하여 연결되어 있는 패스입니다.

수평, 수직, 45° 대각선 그리기

Shift 키를 누르고 클릭하면 반듯한 선분이 그려집니다.

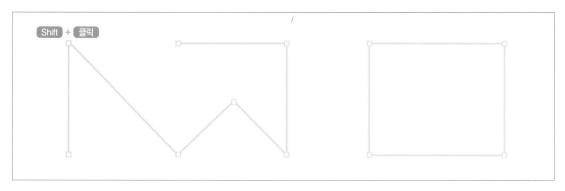

곡선 그리기

클릭한 고정점에서 마우스를 놓지 않고 클릭을 유지한 채 드래그하여 곡선 선분을 그립니다. 고정점에 대칭으로 두 방향의 방향선(Handle)이 생깁니다. 방향선이 향하는 방향으로 선분이 그려지고, 방향선의 길이에 따라 곡선의 곡률이 달라집니다. 방향선이 짧을수록 곡률이 낮습니다.

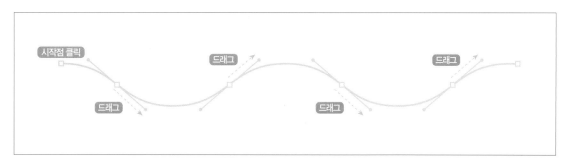

직선과 곡선 함께 그리기

다음 선분을 직선으로 연결할 때 이전에 생긴 방향선이 필요 없는 경우 고정점에 마우스를 대면 점 변환 커서가 나타납니다. 클릭하여 방향선을 삭제합니다.

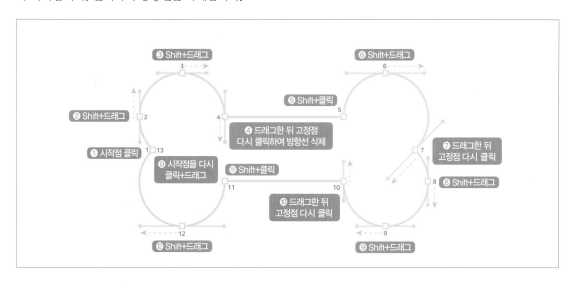

방향선 변경하기

방향선을 삭제하지 않고 원하는 방향으로 바꿀 경우 [Alt]키를 누르고 방향선의 끝 점에 마우스를 대면 고정점 변환 커서 [△]가 나타납니다. [Alt]키를 누른 상태에서 방향선 끝 점을 드래그하여 변경합니다.

드로잉 도중 방향을 변경하려면 드래그한 채 마우스를 놓지 않은 상태에서 바로 [Alt]키를 누르고 원하는 방향으로 드래그합니다.

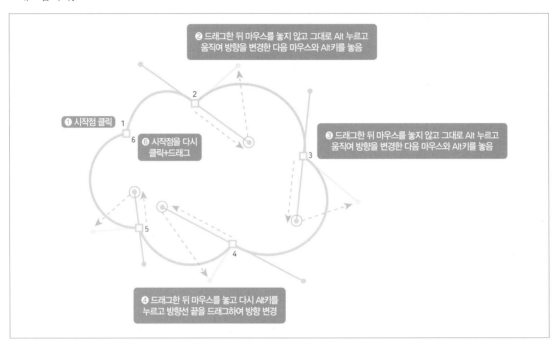

![] **고정점 추가 도구**(Add Anchor Point Tool) 단축키 [+](더하기)

선분 위에서 클릭하여 고정점을 추가합니다.

![] **고정점 삭제 도구**(Delete Anchor Point Tool) 단축키 [-](빼기)

고정점 위에서 클릭하여 고정점을 삭제합니다.

⋏ 고정점 도구(Anchor Point Tool) 단축키 Shift + C

곡선 연결이 되어있는 고정점을 클릭하면 방향선이 삭제되며 직선 연결로 변환하고, 직선 연결이 되어있는 고정점을 드래그하면 방향선이 생기면서 곡선 연결로 변환합니다.

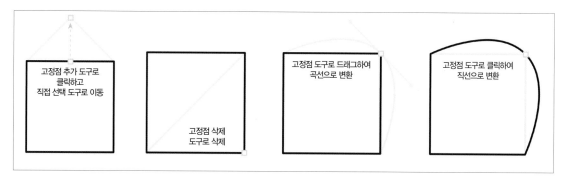

패스 연결하기

1 펜 도구로 끝 고정점에 마우스를 대면 고정점 연결 커서(🖋)가 나타납니다. 클릭하고 다음 고정점도 클릭하여 연결합니다.

2 직접 선택 도구로 연결할 두 고정점을 선택하고 단축키 Ctrl + J (Join)를 누르면 직선으로 연결합니다.

3 따로 떨어진 두 고정점을 한 점으로 모아 연결할 수 있습니다. 두 점을 선택한 후 단축키 Alt + Ctrl + J (Average)를 누르고 [Both] 항목에 체크하면 한 점으로 모입니다. 모인 두 고정점을 단축키 Ctrl + J (Join)를 눌러 연결합니다.

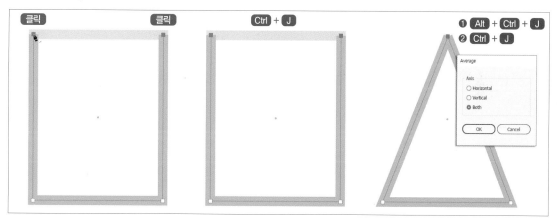

윤곽선 보기

단축키 Ctrl + Y 를 누르면 오브젝트의 윤곽선만 보는 모드로 변환됩니다. 여러 오브젝트가 겹쳐있거나 패스의 구분, 선택이 어려울 때 윤곽선 보기 모드로 패스를 확인하고 선택합니다. 단축키를 다시 한 번 누르면 일반 보기로 변환됩니다.

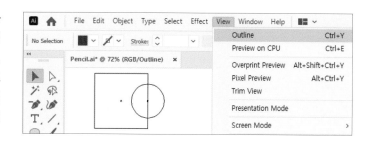

CHAPTER 02 자유롭게 패스 그리기

| Pencil |

작업화면에서 자유롭게 드래그 하여 종이에 연필로 그리는 것처럼 패스를 그릴 수 있습니다.
빠르게 스케치할 때나 형태가 정해져 있지 않고 손으로 그린 듯한 느낌을 줄 때 사용합니다.

연필 도구(Pencil Tool) 단축키 N

1 연필 도구를 선택하고 칠(Fill) 색상은 색 없음 단축키 ⑦
획(Stroke) 색상과 두께는 자유롭게 지정합니다.

2 새 패스 작업이 가능하면 커서(✐)가 표시됩니다. 작
업 화면에서 드래그하면 마우스의 움직임에 따라 선이
나타나고 마우스를 놓으면 그 선을 따라 패스가 자동
으로 그려집니다.

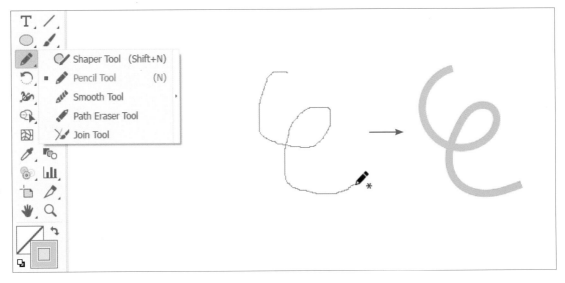

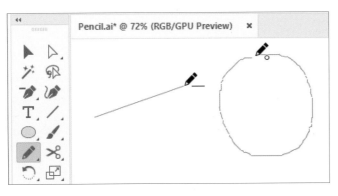

3 직선 선분을 그리려면 Alt 키를 먼저 누
르고 드래그 하고, 드래그 도중 직선이
필요한 경우 마우스를 놓지 않고 클릭
을 유지한 채 필요한 만큼 Alt 키를 누
르고 드래그 합니다.

4 수평, 수직, 45°의 직선 선분을 그리려
면 Shift 키를 동일하게 활용합니다. 직
선을 그리는 동안 직선 선분 커서(✐)
가 표시됩니다.

실전 예제로 배우는 일러스트레이터

5 시작점과 끝점이 가까우면 닫힘 커서()가 표시 되고 마우스를 놓으면 패스가 연결되어 닫힌 패스가 그려집니다.

6 도구를 더블클릭하거나 Enter 키를 누르면 연필 도구 대화상자가 열립니다. Fidelity(정확도)] 항목에서 Accurate(정확하게) Smooth(매끄럽게) 슬라이더를 조절하여 패스의 정확도를 조절합니다.

Close paths when ends are within(시작점과 끝점을 연결하여 닫힘 패스가 되는 범위): 체크 해제 하면 닫힘 패스를 만들지 않습니다.

– 꽃 사진을 열고 펜 도구, 연필 도구로 따라 그려 드로잉한 다음 배경 사진 위에 배치해봅니다.

Pathfinder

01_ 패스파인더 Pathfinder

CHAPTER

01

패스파인더

| Pathfinder |

다양한 방법으로 여러 오브젝트를 합치고, 제외하고, 분리
하여 새로운 모양을 만드는 패널 기능입니다.

단축키 Shift + Ctrl + F9

Shape Modes 📁 [Part7]-[패스파인더.ai]

▣ United(합치기)
여러 오브젝트를 하나의 오브젝트로 병합합니다.

▣ Minus Front(앞 오브젝트 제외)
겹쳐진 여러 오브젝트 중 맨 아래 오브젝트를 제외한
모든 상위 오브젝트를 삭제합니다.

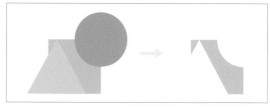

▣ Intersect(교차 영역 남기기)
오브젝트들의 겹쳐진 부분만 남깁니다.

▣ Exclude(교차영역 제외)
오브젝트들의 겹쳐진 부분을 삭제합니다.

★중요★ 패스파인더 패널의 기능으로 분리된 오브젝트들은 자동으로 그룹이 됩니다. 개별 선택을 할 경우 그룹을 해제합니다.

Pathfinders

▣ Divide(나누기)
겹쳐진 오브젝트를 전부 분리합니다.

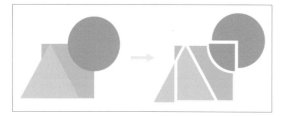

▣ Trim(자르기)
오브젝트가 겹쳐진 순서대로 분리됩니다.

실전 예제로 배우는 일러스트레이터

▣ Merge(병합)

같은 색상의 오브젝트들이 병합됩니다.

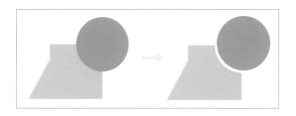

▣ Outline(윤곽선)

오브젝트의 겹쳐진 패스가 모두 끊어진 선분 형태로 분리됩니다.

▣ Crop(앞쪽 기준으로 나누기)

겹쳐진 여러 오브젝트 중 가장 상위 오브젝트에서 겹쳐지지 않은 부분만 남깁니다.

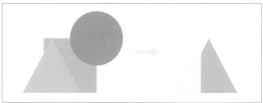

▣ Minus Back(뒤 오브젝트 제외)

겹쳐진 여러 오브젝트 중 맨 위 오브젝트를 제외한 모든 하위 오브젝트를 삭제합니다.

◆ 지우개 도구(Eraser Tool) 단축키 Shift + E

원형 모양으로 오브젝트를 지웁니다. 도구를 더블클릭하거나 Enter 키를 눌러 대화상자에서 크기, 폭 등 세부사항을 설정할 수 있고 도구의 직경 크기는 단축키 [,]로 조절합니다.

Alt 키를 누르고 작업화면을 드래그하면 사각형 선택 영역이 지정되어 해당 영역만큼 한 번에 지웁니다.

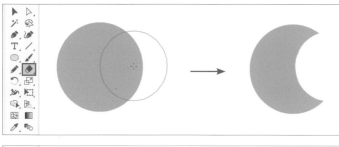

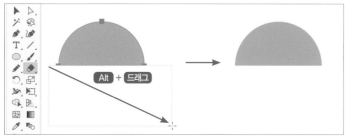

✂ 가위 도구(Scissors Tool) 단축키 ⓒ

실을 가위로 자르듯 고정점이나 선분을 클릭하여 패스를 끊는 도구입니다.

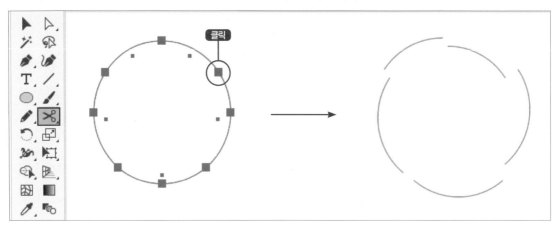

🗡 칼 도구(Knife Tool)

오브젝트의 칠(Fill) 영역을 드래그 하여 종이를 칼로 오려내듯 면을 분할합니다. Alt 키를 먼저 누르고 작업화면을 드래그 하면 직선으로 나누어지고, Shift 키를 함께 누르면 수평, 수직, 45° 대각선으로 나눕니다.

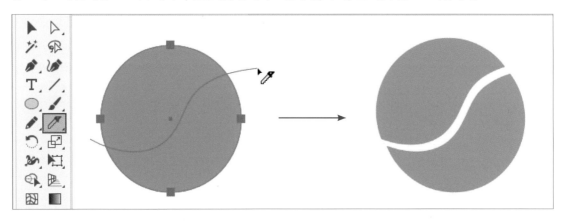

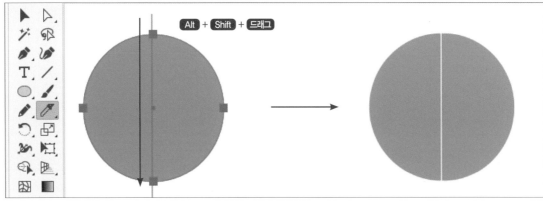

💬 도형 구성 도구(Shape Builder Tool) 단축키 [Shift]+[M] 📁 [Part6]~[도형구성도구.ai]

도형 구성 도구는 오브젝트를 합치고, 제외하고, 분리하여 새로운 모양을 만드는 패스파인더 기능의 도구입니다.

1 편집할 오브젝트를 모두 선택하고 도형 구성 도구를 선택합니다. 패스가 겹쳐진 면들이 각각 개별로 인지됩니다. 클릭하면 패스파인더 패널의 [Divide]와 같이 클릭한 부분의 면이 개별 오브젝트로 분리됩니다.

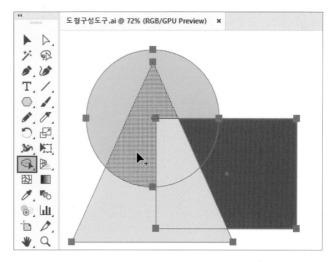

2 오브젝트 위를 드래그 하면 병합 면적으로 표시됩니다. 마우스를 놓으면 마우스가 지나간 영역의 면들이 패스파인더 패널의 [Unite]과 같이 병합되어 하나의 오브젝트가 됩니다.

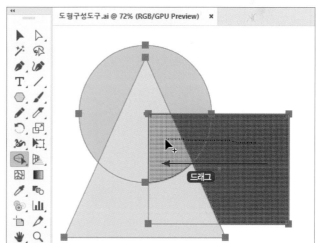

3 [Alt]키를 누르고 클릭하면 면이 삭제되고, 드래그하면 삭제될 면적이 표시됩니다. 마우스를 놓으면 드래그 한 부분이 전부 삭제됩니다.

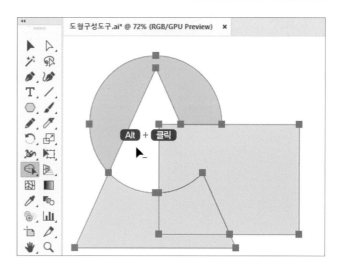

확장(Expand)

1 작업화면에 표시되는 획 두께는 패스로 이루어진 면이 아니므로 선분을 끊을 수는 있지만 패스파인더 기능이나 도구를 사용하여 면적을 나눌 수는 없습니다. 단축키 Ctrl + Y 를 눌러 윤곽선 보기로 패스를 확인합니다.

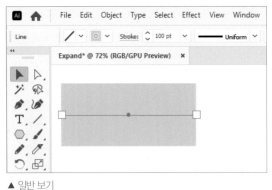

▲ 일반 보기

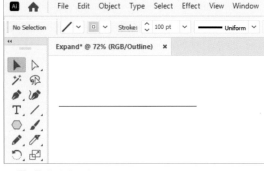

▲ Ctrl + Y 윤곽선 보기

2 획(Stroke) 속성을 확장할 오브젝트를 선택하고 [Object]-[Expand] 메뉴를 클릭합니다. 대화 상자에서 [Stroke] 항목에 체크하고 [OK]합니다. 패스가 작업화면에 나타나는 모양대로 확장되었습니다. 윤곽선 보기로 확인합니다.

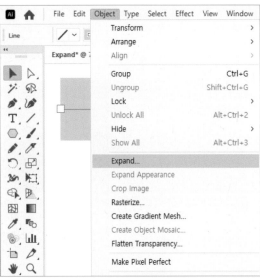

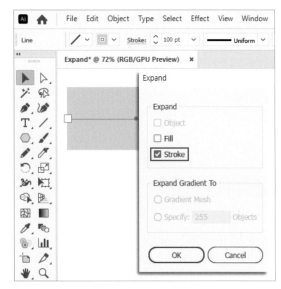

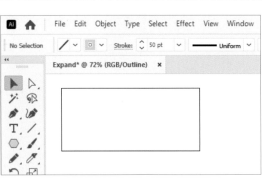

▲ Ctrl + Y 윤곽선 보기

• 획(Stroke) 속성에 적용된 획의 모양에 따라 [Expand] 메뉴가 아닌 [Expand Appearance] 메뉴가 활성화 될 수 있습니다. 동일하게 사용합니다.

• [Object]-[Path]-[Outline Stroke] 메뉴로도 획(Stroke) 속성을 확장할 수 있습니다.

🖱 구름 아이콘 만들기

1 ◎원형 도구 Ⓛ로 크기가 다른 정원 4개를 그립니다.

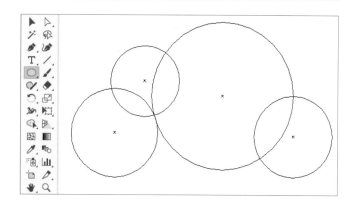

2 구름 아이콘의 하단을 수평하게 그리기 위해 ▢사각형 도구 Ⓜ로 ❶번 원과 ❹번 원의 각 중앙에 맞춰 드래그 하여 사각형을 그립니다.

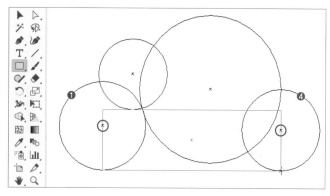

3 ❶번 원과 ❹번 원, 사각형을 선택하고 [아래쪽 가장자리] 정렬 아이콘을 눌러 정렬합니다.

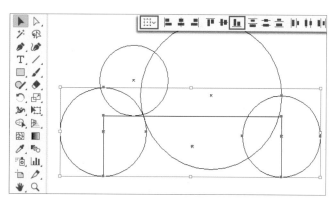

4 칠(Fill) 색상을 지정하고 모든 오브젝트를 선택한 뒤 패스파인더 패널에서 [Unite]하여 모두 합쳐 구름 아이콘을 완성합니다.

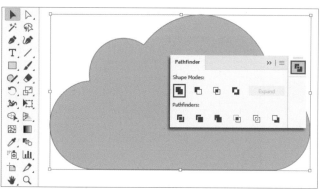

🖱️ 빌딩 일러스트 만들기

1 ▣사각형 도구 Ⓜ로 크기가 다른 사각형 3개를 쌓아 그린 뒤 ◎다각형 도구로 삼각형을 그립니다.

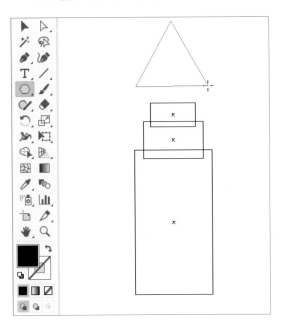

2 ▶선택 도구 Ⓥ로 바운딩 박스를 조절하여 아래의 사각형과 너비를 맞춥니다.

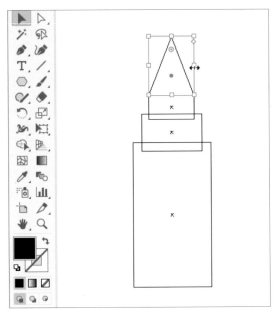

3 ▣사각형 도구 Ⓜ로 꼭대기의 긴 사각형을 하나 더 그립니다.

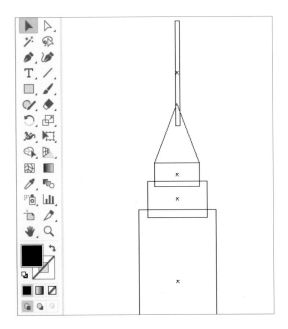

4 모두 선택하고 [수평 중앙] 정렬 아이콘을 눌러 정렬합니다.

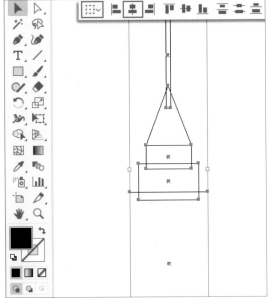

5 패스파인더 패널에서 [Unite] 아이콘을 눌러 모두 합치고 칠(Fill) 색상을 적용합니다.

6 빌딩의 창문이 될 사각형을 하나 그린 뒤, 칠(Fill) 색상을 적용하고 ▶선택 도구 V로 드래그하며 Alt + Shift 키를 눌러 복제합니다.

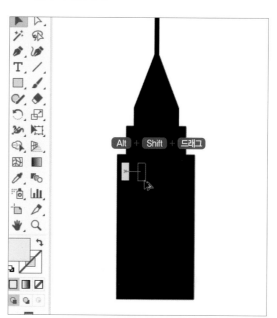

7 단축키 Ctrl + D 를 반복하여 눌러 [Transform Again]으로 창문을 여러 개 복제합니다.

8 수평으로 나열된 창문을 모두 선택하고 아래로 드래그하며 Alt + Shift 키를 눌러 복제합니다.

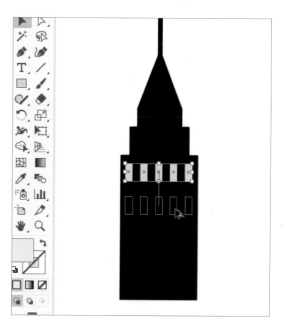

9 단축키 Ctrl + D 를 반복하여 눌러 [Transform Again]으로 창문을 여러 개 복제합니다.

10 창문 오브젝트만 모두 선택한 뒤 건물 오브젝트와의 정렬을 위하여 단축키 Ctrl + G 를 눌러 그룹으로 만듭니다.

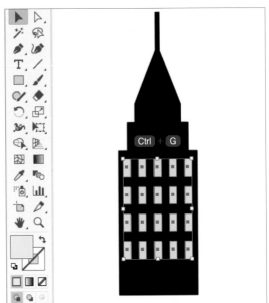

11 창문 오브젝트 그룹과 건물 오브젝트를 함께 선택하고 [수평 중앙] 정렬 아이콘을 눌러 정렬합니다.

12 패스파인더 패널에서 [Minus Front] 아이콘을 눌러 건물 오브젝트 위의 창문 오브젝트를 모두 삭제하여 완성합니다.

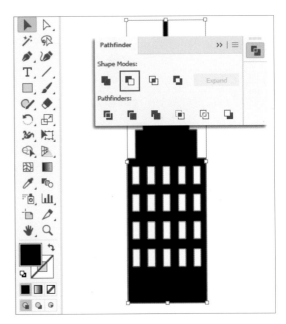

피자 아이콘 만들기

1 ◎원형 도구└로 크기와 획(Stroke) 두께가 다른 정원 두 개를 그리고 중앙을 정렬한 뒤 ╱선분 도구₩로 수직선을 그립니다. 정원 2개와 수직선을 모두 선택하고 [수평 중앙], [수직 중앙] 정렬 아이콘을 눌러 정렬합니다.

2 단축키 Ctrl+Shift+A를 눌러 모두 선택 해제합니다. ▶ 선택 도구▽로 수직선만 선택한 다음 ↻회전 도구® 를 더블클릭하여 대화상자를 엽니다. 45°를 입력하고 [Copy] 합니다.

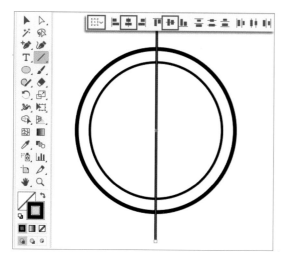

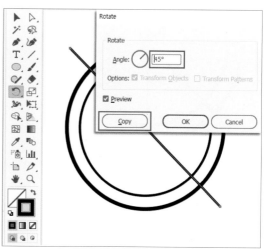

3 단축키 Ctrl+D를 반복하여 눌러 [Transform Again]으로 직선을 3개 복제 합니다.

4 오브젝트를 모두 선택하고 패스파인더 패널에서 [Divide]하여 겹쳐진 패스를 모두 분리합니다.

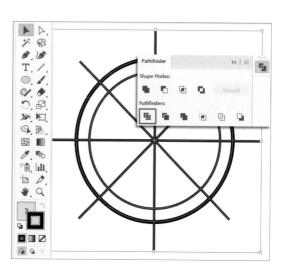

5 패스파인더로 분리된 오브젝트는 그룹 상태이므로 마우스 우클릭하여 [Ungroup] 합니다.

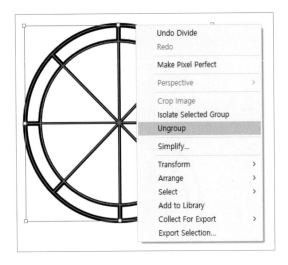

6 ▶ 선택 도구 v 로 한 조각만 선택하고 조금 떨어뜨려 이동합니다.

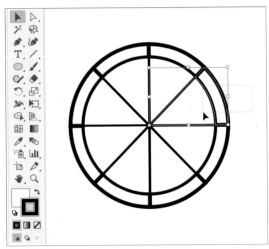

7 획(Stroke) 패널(단축키 Ctrl + F10)에서 [Align Stroke]를 [Align Stroke to Inside]로 지정합니다.

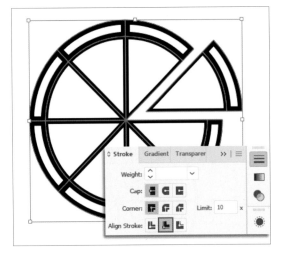

8 ◯원형 도구 L 로 크기와 획(Stroke) 두께가 다른 정원을 여러개 그려 완성합니다.

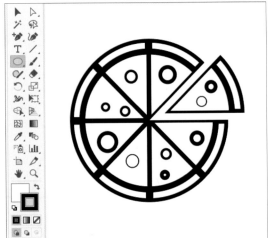

🖱 태극무늬 아이콘 만들기

1 ◎원형 도구Ⓛ로 작업화면을 클릭하여 대화상자를 열고 너비(Width)와 높이(Height)에 각 200px 입력 후 [OK] 하여 원을 그립니다.

2 단축키 Ⓢ를 눌러 🔲크기 조절 도구를 선택하고 작업 화면을 클릭하여 대화상자를 엽니다. [Uniform] 항목에 50% 입력 후 [Copy] 하여 정확하게 반이 작은 원을 하나 더 그립니다.

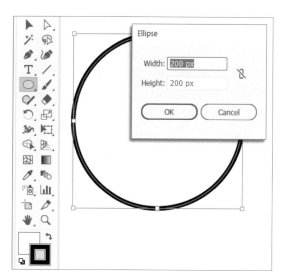

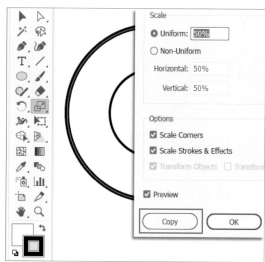

3 두 오브젝트를 모두 선택하고 [왼쪽 가장자리] 정렬 아이콘을 눌러 왼쪽 정렬합니다. 단축키 Ctrl+Shift+A를 눌러 전체 선택을 해제합니다.

4 ▶선택 도구Ⓥ로 50% 줄인 원만 선택하여 오른쪽으로 드래그하며 Alt+Shift 키를 눌러 복제하고 ❶번과 ❸번을 같이 선택한 뒤 [오른쪽 가장자리] 정렬 아이콘을 눌러 오른쪽 정렬합니다.

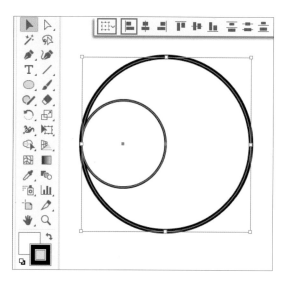

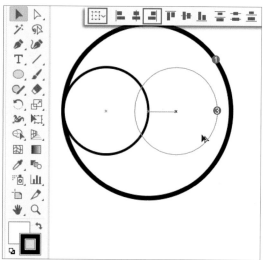

5 ▶선택 도구(V)로 모든 오브젝트를 선택한 뒤 ⬚도형 구성 도구(Shift)+(M))를 선택합니다. 오브젝트 위에 마우스를 대면 겹쳐진 면적마다 따로 인지됩니다.

6 ❶번과 ❷번 면적을 드래그하면 패스가 합쳐지며 오브젝트가 새롭게 구성됩니다.

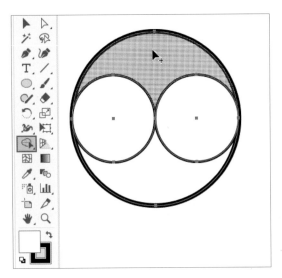

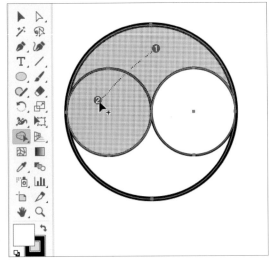

7 ❸번과 ❹번 면적도 드래그하여 패스를 병합합니다.

8 각각 칠(Fill) 색상을 빨강과 파랑으로 지정하고 각도를 30° 회전하여 태극무늬를 완성합니다.

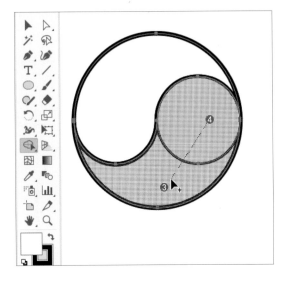

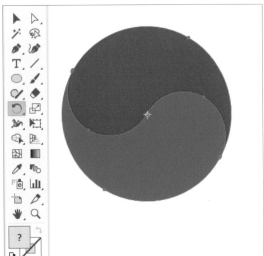

🐾 날개 모양의 로고 제작하기

1 500*500px / 72ppi / RGB 모드의 새 문서에 ▨사각형 도구⒨선택하고 대지를 클릭하여 300*110px 사이즈의 사각형을 생성합니다.

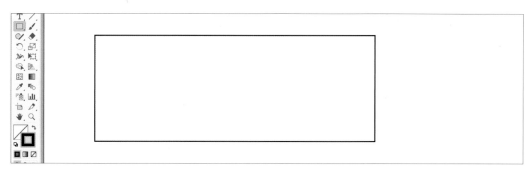

2 하단에 복사하고 높이(H)는 110px 그대로 두고 너비(W)만 150px로 조절합니다.

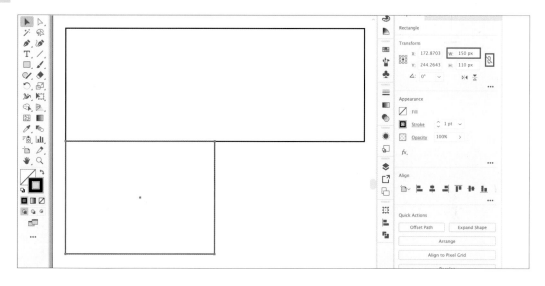

3 두 사각형을 모두 선택하고 ❶먼저 그렸던 첫번째 사각형을 한번 더 클릭하여 키 오브젝트로 지정합니다. 정렬(Align) 패널에서 ❷[왼쪽 가장자리] 정렬을 클릭한 뒤 ❸[Distribute Spacing] 항목에서 수치를 0으로 입력하고 ❹[세로 간격] 버튼을 클릭합니다.

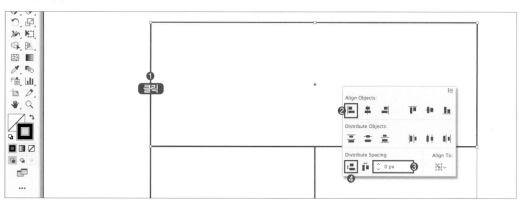

4 ⬭원형 도구(L)로 150*150px 사이즈의 원을 그리고 ❷ 2번에서 그렸던 두번째 사각형과 원을 함께 선택합니다. ❸사각형을 한번 더 클릭하여 키 오브젝트로 지정하고 ❹[왼쪽 가장자리] 정렬과 ❺[위쪽 가장자리] 정렬을 클릭합니다.

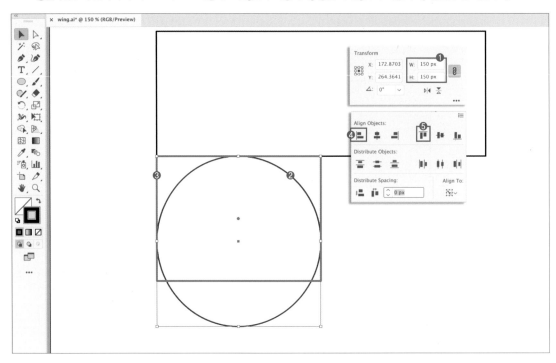

5 ⬭도형 구성 도구(Shift+M)를 선택하고 아래 사진에 표시된 면적만 지나갈 수 있도록 Alt키를 누르고 드래그합니다. 해당 면적이 삭제됩니다.

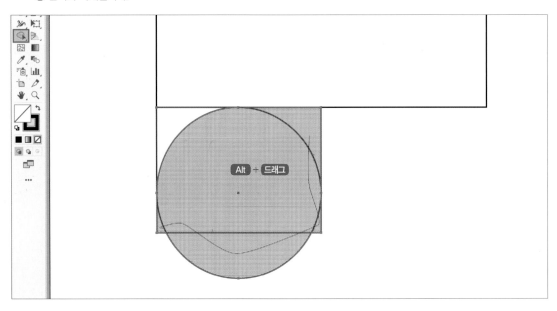

6 ▶선택 도구Ⓥ로 나머지 모든 도형을 선택한 뒤, ⬚도형 구성 도구(Shift+Ⓜ)로 툴을 변경하고 아래 사진에 표시된 영역을 드래그 합니다. 도형이 병합됩니다.

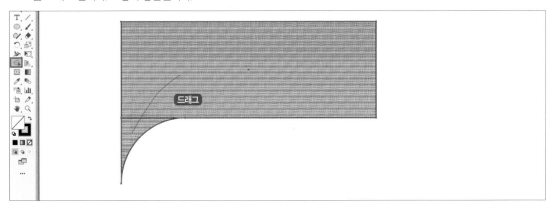

7 ▷직접 선택 도구Ⓐ로 아래 사진에 표시된 고정점만 선택한 뒤, ◉라이브 코너 위젯(Live Corners widget)을 상단 가장자리 변까지 드래그하여 최대로 둥글게 변경합니다.

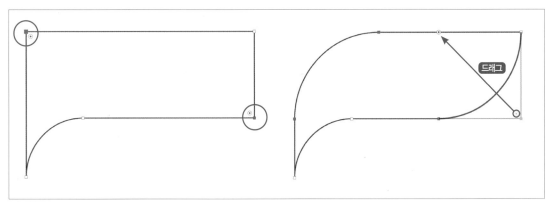

8 도형 선택 후 ⬚크기 조절 도구Ⓢ를 선택하고 아래 사진에 표시된 도형의 맨 아래쪽 고정점을 Alt 키를 누르고 클릭합니다. 열린 옵션 대화상자에서 [Uniform] 항목을 85%로 입력하고 하단 [Options] 항목들은 체크하지 않습니다. [Copy]를 눌러 복사합니다.

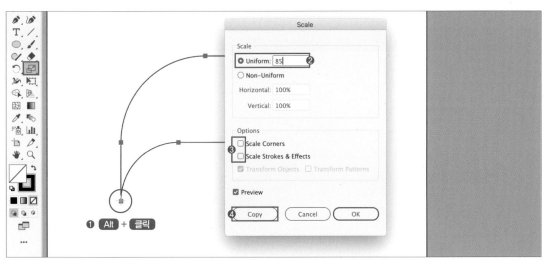

09 만들어진 2번 도형을 선택하고 **08**번 단계를 한번 더 적용한 뒤, 아래쪽 도형의 모서리가 위쪽 도형의 곡선에 딱 맞을 수 있도록 각 도형의 위치를 조절합니다.

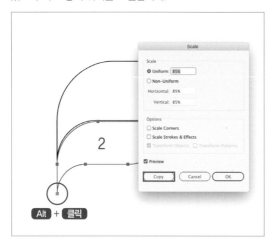
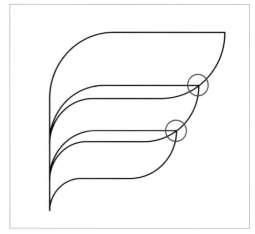

10 만들어진 3개의 날개 조각에 그레이디언트를 적용합니다. 색상 선택이 어렵게 느껴진다면 https://webgradients.com 사이트의 그레이디언트 조합을 참고하여 적용해봅니다.

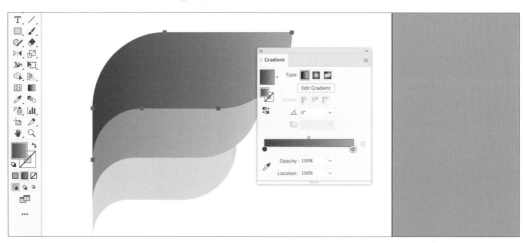

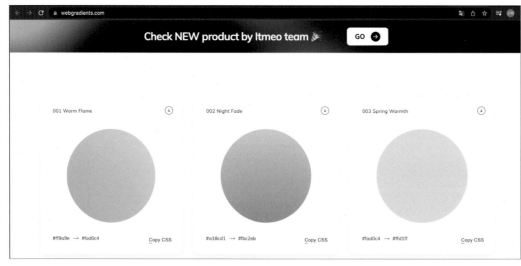

11 3번 도형을 선택하고 Arrange를 맨 아래로 내리고, 1번 도형을 선택하고 Arrange를 맨 위로 올립니다.

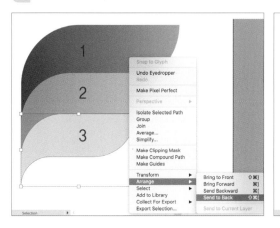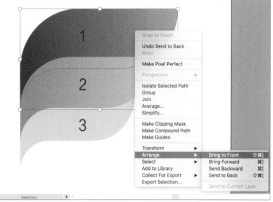

12 1번과 2번 도형만 선택한 뒤 [Alt]+[Shift]키를 누르고 오른쪽으로 드래그하여 복제합니다. 복제된 도형 중 4번 도형만 선택하고 [Shift]키를 누른 상태에서 하 방향키 [↓]를 3번 눌러 이동합니다.

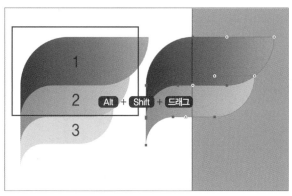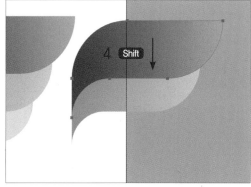

13 4번과 5번 도형을 모두 선택하고 Pathfinder패널에서 🔲Intersect(교차 영역 남기기)를 클릭하여 겹친 부분만 남긴 뒤, 2번 도형과 함께 선택하고 2번 도형을 한번 더 클릭하여 키 오브젝트로 지정합니다. 정렬(Align) 패널에서 ❷[왼쪽 가장자리] 정렬과 ❸[위쪽 가장자리] 정렬을 클릭합니다.

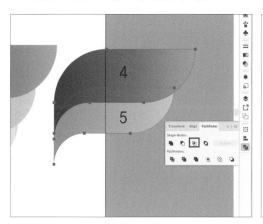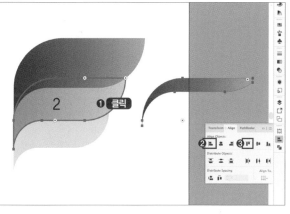

14 1번 도형만 선택하고 Arrange를 맨 위로 올립니다.

15 Pathfinder로 생성했던 조각을 선택하고 Transparency (투명도) 패널에서 블렌딩 모드를 [Multiply]로 변경합니다. 어둡게 혼합되어 그림자처럼 표현되었습니다.

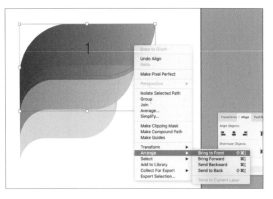

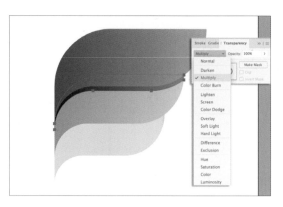

• 블렌딩 모드의 자세한 내용은 Part 17의 혼합모드를 참고합니다.

16 2번과 3번 도형을 선택하고 앞의 12~13 단계를 반복하여 같은 그림자 조각을 생성하고 정렬합니다.

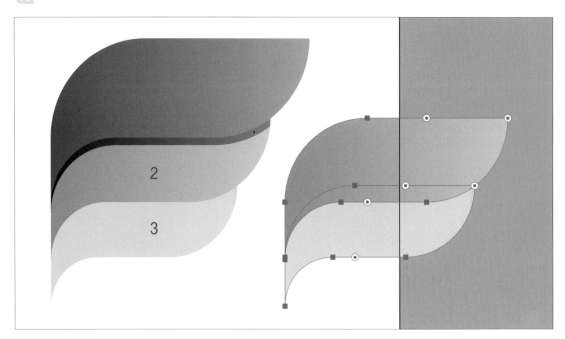

17 정렬한 그림자 조각과 맨 아래 3번 도형을 함께 선택하고 Arrange를 맨 아래로 내립니다.

18 그림자 조각만 선택하고 블렌딩 모드를 [Multiply]로 적용합니다.

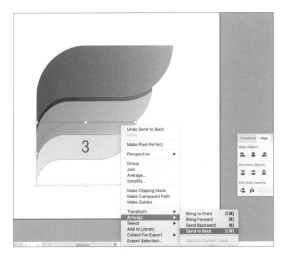

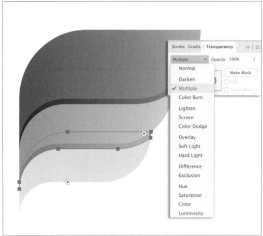

19 블렌딩 모드를 적용한 첫 번째 그림자 조각을 선택하고 그레이디언트 패널을 열어 오른쪽 끝 색상 스탑을 선택합니다. 하단 [Opacity] 항목의 값을 0%로 변경합니다.

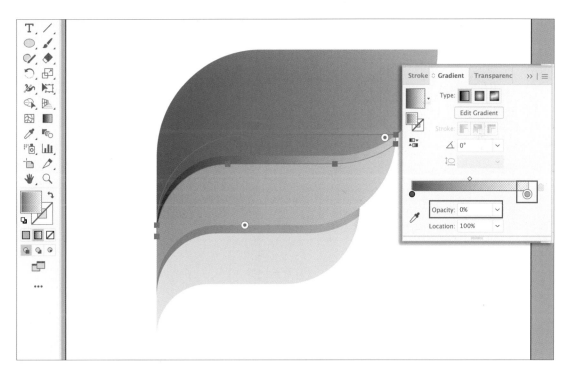

20 두번째 그림자 조각의 그레이디언트도 마찬가지로 수정합니다.

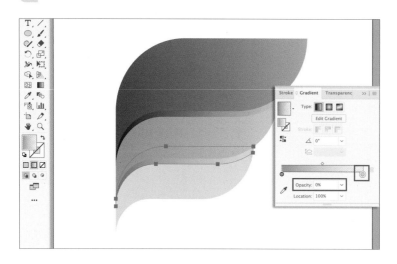

21 오브젝트를 전체 선택한 후 그룹(단축키 Ctrl+G)으로 지정한 뒤 ⧏반전 도구⒪를 선택합니다. 양 날개의 중앙이 될 부분
을 Alt키 누르고 클릭하여 대화상자를 열고 [Vertical]에 체크하여 [Copy]하고 반대편에 복제합니다.

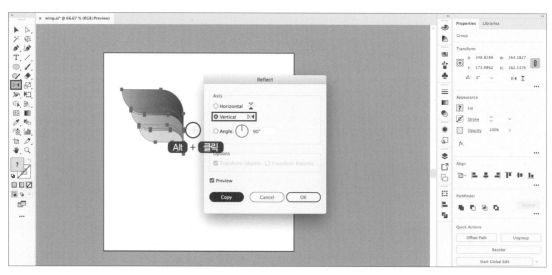

22 적당한 텍스트와 함께 배치하여 로고를 완성합니다.

THE **Flying** LAP

Ai 무료 아이콘 배포 사이트

아래의 웹사이트에서 무료로 제공하는 벡터 파일을 다운로드 하거나, 상업용으로 사용할 경우 구매할 수 있습니다. 각 자료의 라이센스를 확인하고 사용합니다.

thenounproject   https://thenounproject.com/

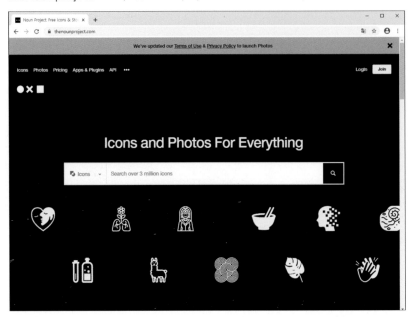

Vecteezy   https://www.vecteezy.com

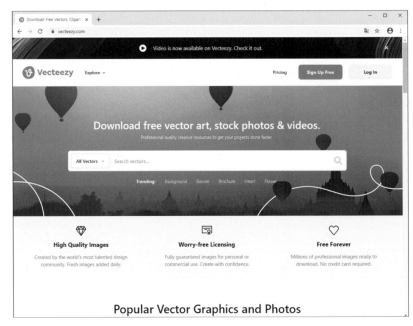

실전 예제로 배우는 일러스트레이터

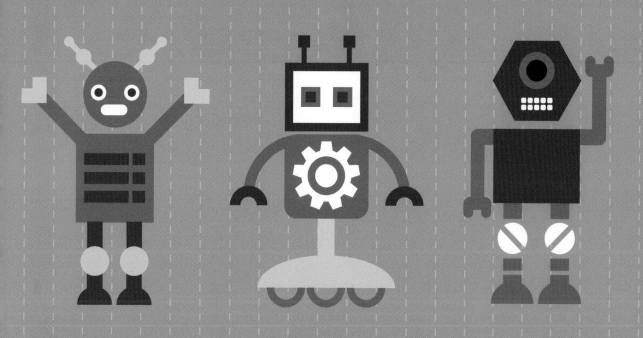

– 패스파인더, 도형 구성 도구, 지우개 도구, 가위 도구, 칼 도구 등을 활용하여 다양한 모양의 로봇을 만들어봅니다.

실전 예제로 배우는
일러스트레이터

패턴

CHAPTER

01

패턴

| Pattern |

패턴은 오브젝트의 여러가지 질서 있는 배열로 이루어진 반복되는 무늬입니다. 칠(Fill)과 획 (Stroke) 모두 적용할 수 있고 견본의 패턴을 사용하거나, 사용자가 패턴을 등록할 수 있습니다.

견본 패턴 사용하기 📁 [Part8]-[패턴.ai]

1 견본(Swatches) 패널의 라이브러리 버튼(📚)을 누르고 [Patterns]-[Decorative]-[Decorative Legacy]를 선택합 니다. 견본의 스와치를 클릭하면 견본 패널에 추가됩니다.

2 색상 피커에서 칠(Fill) 또는 획(Stroke) 속성을 선택하고 패턴을 클릭하여 적용합니다. 획(Stroke) 속성의 패턴은 획 두께(Weight)만큼 패턴이 보여집니다.

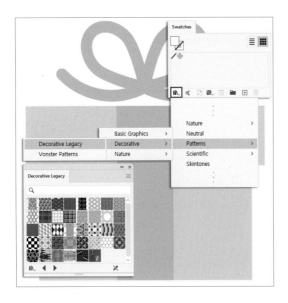

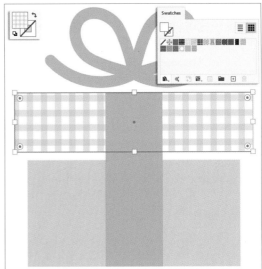

패턴 수정하기

1 패턴의 크기를 변경하기 위해 오브젝트를 선택하고 우클릭하여 [Transform]-[Scale] 메뉴를 선택합니다. 크기 조절 대화상 자가 열리면 [Uniform] 항목에서 조절할 백분율을 입력합니다. 옵션 항목의 [Transform Objects(오브젝트 변형)]는 체크 해 제 하고 [Transform Patterns(패턴 변형)]에만 체크하고 [OK]합니다.
(우클릭 메뉴의 [Transform]-[Scale]은 도구 박스에서 크기 조절 도구를 더블클릭하거나 Enter 키를 누르는 것과 같습니다.)

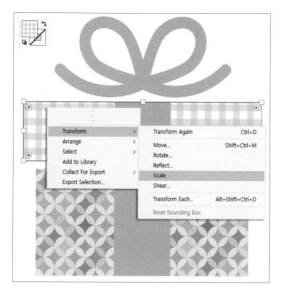

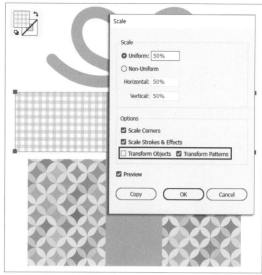

2 패턴을 회전하기 위해 오브젝트를 선택하고 우클릭하여 [Transform]-[Rotate] 메뉴를 선택합니다. 회전 대화상자가 열리면 회전할 각도를 입력합니다. 옵션 항목의 [Transform Objects(오브젝트 변형)]는 체크 해제 하고 [Transform Patterns(패턴 변형)]에만 체크하고 [OK]합니다.
(우클릭 메뉴의 [Transform]-[Rotate]는 도구 박스에서 회전 도구를 더블클릭하거나 Enter 키를 누르는 것과 같습니다.)

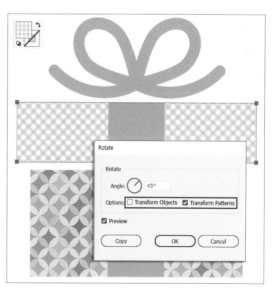

패턴 만들기

1 패턴으로 등록할 오브젝트를 만들고 선택합니다. 견본 패널로 드래그하였다가 마우스를 놓으면 수평, 수직으로 일정하게 반복되는 Grid 타입의 패턴으로 자동 저장됩니다.

2 패턴으로 등록할 오브젝트를 선택하고 견본 패널에 드래그하지 않고 [Object]-[Pattern]-[Make] 메뉴를 클릭합니다. 작업화면이 패턴 편집 모드로 변환되고 [Pattern Options] 패널이 열립니다.

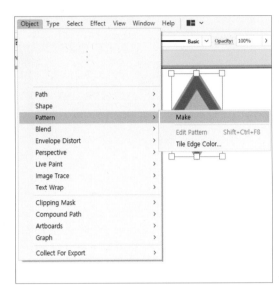

3 [Pattern Options] 패널에서 패턴의 세부 사항을 조절합니다. [Tile Type] 항목에서 배열 방식을 선택합니다.

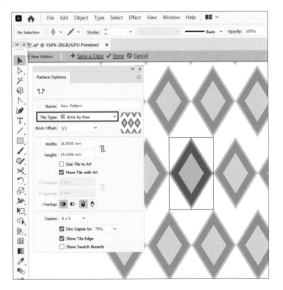

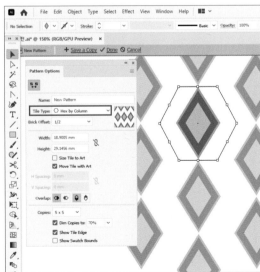

4 [Pattern Tile Tool]을 선택하고 작업화면에서 타일 바운딩 박스를 조절하여 반복되는 타일의 범위를 설정합니다.

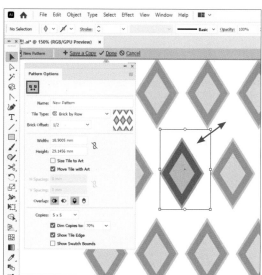

5 편집을 마친 뒤 상단의 [Done] 버튼을 클릭하면 견본 패널에 패턴으로 등록됩니다.

6 패턴의 모양이나 색상을 변경하려면 견본 패널에서 패턴 스와치를 더블클릭합니다. 작업화면이 패턴 편집 모드로 변환 됩니다. 편집 후 [Done] 버튼을 눌러 완료하면 패턴이 변경됩니다.

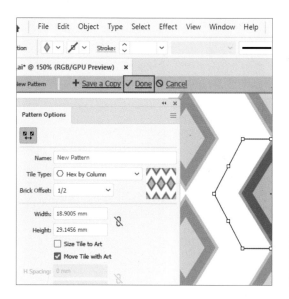
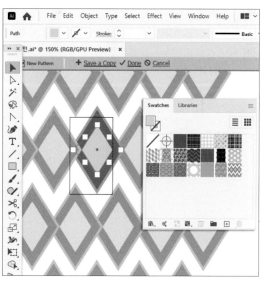

• 가이드를 사용한 경우, 가이드가 함께 선택 되면 패턴으로 등록되지 않습니다. [View]-[Guide]-[Lock Guides]하여 가이드는 잠그고 오브젝트를 선택한 뒤 패턴으로 등록합니다.

– 와인의 라벨에 각각 다른 패턴을 만들어 적용하여 패키지디자인을 완성해봅니다.

스타일화,
왜곡과 변형 효과

CHAPTER 01

스타일화 효과

| Illustrator Effects - Stylize |

효과는 개체, 그룹 또는 레이어에 적용하여 다양하게 모양과 특성을 변경하는 기능입니다. 개체에 적용한 효과는 모양(Appearance) 패널 목록에 표시됩니다. 오브젝트의 기본 형상은 변경하지 않고 효과만 입히는 비파괴적 기능으로 모양 패널에서 효과를 편집, 복제, 삭제할 수 있습니다. [Illustrator Effects] 항목의 스타일화 효과는 개체에 그림자, 광선 등을 적용합니다.

■ [Part9]-[효과.ai]

효과를 적용할 오브젝트를 선택하고 [effect]-(Illustrator Effects)[Stylize] 메뉴를 클릭합니다.

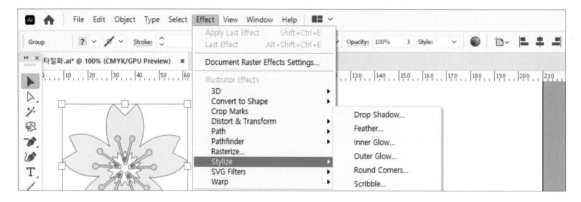

❶ Drop Shadow : 그림자 효과

❷ Feather : 가장자리 흐림 효과(가장자리를 투명하게 표현)

❸ Inner Glow : 내부 광선 효과

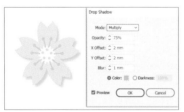

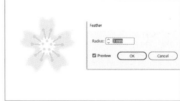

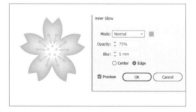

❹ Outer Glow : 외부 광선 효과

❺ Round Corners : 둥근 모서리 효과

❻ Scribble : 낙서 효과

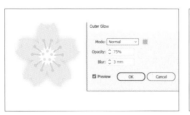

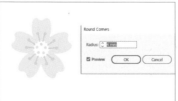

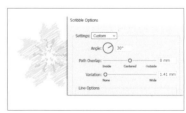

CHAPTER

02

왜곡과 변형 효과 | Distort & Transform Effect |

오브젝트의 모양을 왜곡하고 이동, 회전, 반전, 변형을 효과로 적용합니다.

효과를 적용할 오브젝트를 선택하고 [Effect]-[Distort & Transform] 메뉴를 클릭합니다.

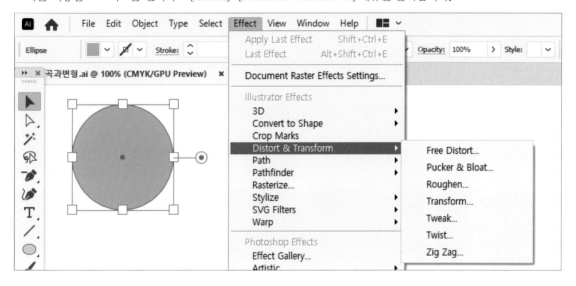

Free Distort : 자유 왜곡

자유 변형 도구의 자유 왜곡 위젯과 동일한 효과입니다. 박스의 조절점을 드래그하여 형태를 왜곡합니다.

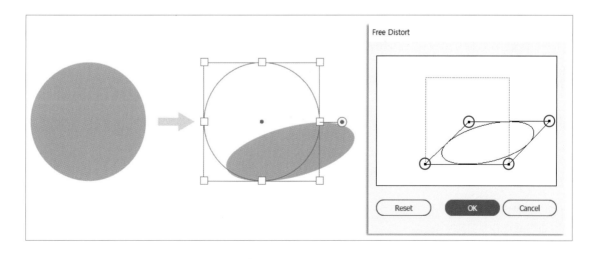

Pucker & Bloat : 오목과 볼록

오브젝트의 중심을 기준으로 선분을 안쪽으로 오목하게 구부리거나 선분을 바깥쪽으로 볼록하게 부풀립니다.

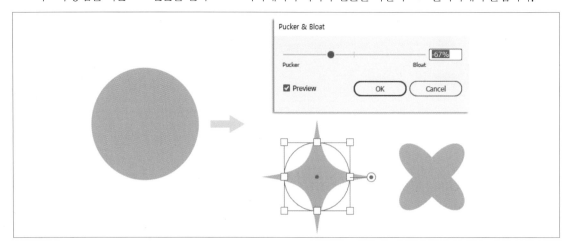

Zig Zag : 지그재그

오브젝트의 선분을 고른 크기의 곡선이나 직선 배열로 변환합니다. 길이와 선분당 능선 수를 설정하고 곡선 형태 (Smooth) 또는 직선 형태(Corner)를 선택합니다.

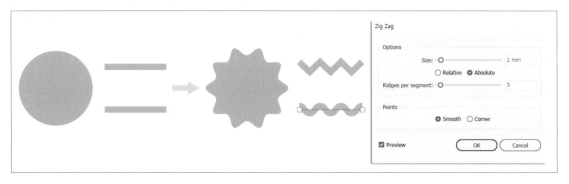

Roughen : 거칠게 하기

오브젝트의 선분을 다양한 크기의 들쭉날쭉한 배열로 변형합니다. 가장자리의 밀도(Detail)를 설정하고 부드러운 가장자리(Smooth) 또는 날카로운 가장자리(Corner) 중에서 선택합니다.

Transform : 변형

크기 조절, 이동, 회전 및 반전 변형을 효과로 적용하여 오브젝트의 모양을 변경합니다.

Tweak : 비틀기

패스 선분을 안쪽과 바깥쪽으로 임의로 구부리고 왜곡합니다.

Twist : 비틀어 돌리기

양수 값을 입력하면 시계 방향으로 비틀어 회전하고 음수 값을 입력하면 시계 반대 방향으로 비틀어 회전합니다.

모양(Appearance) 패널 단축키 Shift + F6

효과는 적용 후 모양(Appearance) 패널에서 확인합니다. 효과
수정 시 모양 패널에서 적용된 효과 이름을 클릭하면 해당 효과
의 대화상자가 열립니다. 수정하고 [OK]합니다. 효과를 삭제할
경우 선택하고 패널 하단의 휴지통 버튼을 클릭합니다.

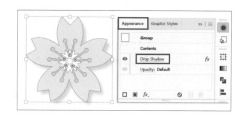

Expand Appearance

효과는 오브젝트의 기본 형상을 변경하지 않는 비파괴적 기능으로 본래의 패스는 변형되지 않습니다. 효과가 적
용된 모양으로 패스를 확장하려면 [Object]-[Expand Appearance] 메뉴를 클릭합니다. 윤곽선 보기(단축키 Ctrl
+Y)를 하면 정확한 패스 모양을 확인할 수 있습니다.

 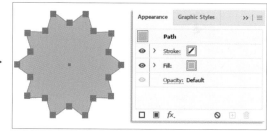

🖱 카페 심볼 만들기

1 원을 그리고 칠(Fill) 색상을 적용한 뒤 [Effect]-[Distort &
Transform]-[Zig Zag] 메뉴를 선택합니다.

2 세부사항을 아래와 같이 입력하거나 자유롭게 수치를
입력하여 선분에 부드러운 지그재그 효과를 적용합니다.

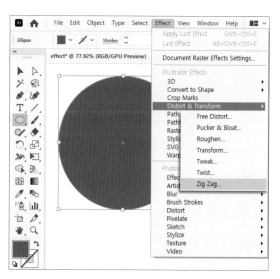 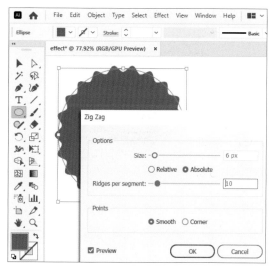

3 효과를 준 도형 안쪽에 원을 하나 더 그리고 칠(Fill) 색상을 흰색으로 적용합니다.

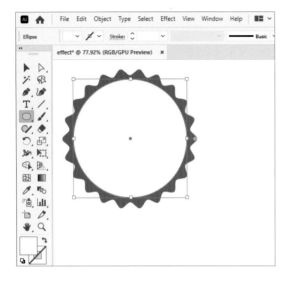

4 원을 하나 더 그린 다음 획(Stroke) 속성을 선택하고, [✐] 스포이트 도구 [I]로 지그재그 효과의 도형을 [Shift]키 누르고 클릭하여 동일한 색상을 적용하고 두께를 적절하게 조절합니다. 도형들을 모두 선택하여 [수평 중앙], [수직 중앙]으로 정렬합니다.

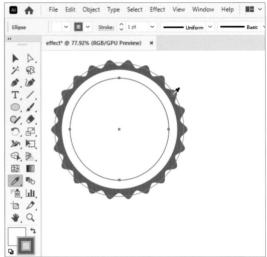

5 커피잔을 만들 원을 하나 더 그린 다음 [◈]지우개 도구 ([Shift]+[E])로 [Alt]키 누르고 드래그하여 위쪽 반을 지웁니다.

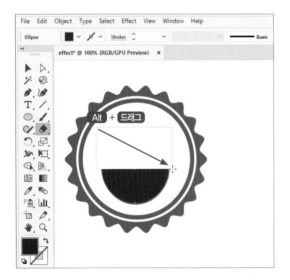

6 커피잔의 둥근 입구를 표현하기 위해 타원을 하나 더 그리고 획(Stroke) 색상을 흰색으로 적용한 뒤 획 두께를 조절합니다.

7 커피잔의 손잡이를 그리기 위해 원을 하나 더 그리고, 획(Stroke) 색상을 적용한 뒤 획 두께를 조절합니다. 가위 도구ⓒ로 위쪽과 아래쪽 고정점을 클릭하여 선분을 자릅니다.

8 한쪽 반은 삭제 하고 남은 반원을 회전하여 컵 모양에 맞게 배치합니다.

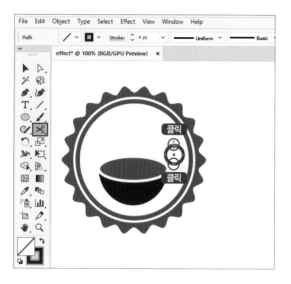

9 원두를 그리기 위해 타원을 그린 다음, 칼 도구로 타원의 가운데를 물결 모양으로 드래그하여 면을 분할합니다.

10 분할된 오브젝트를 살짝 떨어뜨려 배치하고 단축키 Ctrl +G로 그룹을 만듭니다.

11 원두 가장자리에 음영을 표현하기 위해 원두 오브젝트를 선택하고 [Effect]–[Stylize]–[Inner Glow] 메뉴를 클릭합니다.

12 색상은 검정으로 지정하고 세부사항은 아래와 같이 입력합니다.

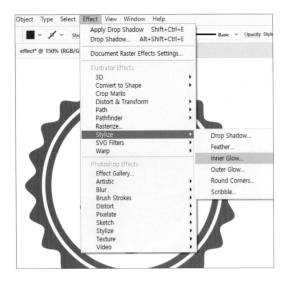

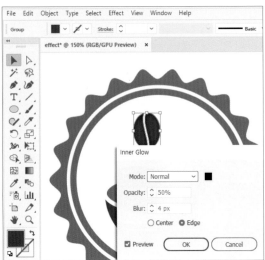

13 원두 오브젝트를 2개 더 복제하여 크기와 각도를 각각 다르게 조절하고 적절하게 배치합니다. 오브젝트를 모두 선택하고 단축키 Ctrl+G로 그룹을 만듭니다.

14 그림자를 표현하기 위해 [Effect]–[Stylize]–[Drop Shadow] 메뉴를 선택합니다.

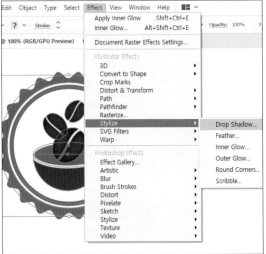

15 세부사항을 아래와 같이 입력하고 [OK] 합니다.

16 카페 심볼이 완성되었습니다.

자율 예제

  – 여러 가지 도형과 선에 다양한 효과를 적용하고 그레이디언트를 활용하여 우주 공간을 만들어봅니다.

문자

CHAPTER

01

문자 도구

| Type Tool |

그림 못지않은 다양한 역할을 하는 문자는 메시지를 전달하는 중요한 시각적 기호입니다. 문자 도구로 텍스트 단과 열을 만들고, 오브젝트 안쪽 또는 패스 선분을 따라 텍스트가 흐르도록 하거나 텍스트를 그래픽 오브젝트로 변경하여 작업할 수 있습니다.

T	Type Tool (T)
	Area Type Tool
	Type on a Path Tool
	Vertical Type Tool
	Vertical Area Type Tool
	Vertical Type on a Path Tool
	Touch Type Tool (Shift+T)

T 문자 도구(Type Tool) 단축키 T

1 왼쪽에서부터 가로로 문자를 입력합니다. 작업화면을 클릭하면 텍스트 영역이 설정되지 않고 커서가 활성화되며 Lorem Ipsum 자동 텍스트가 나타납니다. 텍스트를 입력하고 단축키 Ctrl+Enter를 눌러 문자 편집을 완료하고 커서를 비활성화 합니다.

2 작업 화면을 드래그 하여 영역을 지정하면 텍스트 영역이 설정됩니다. 문장이 영역 안에서만 정렬됩니다. 문자 도구로 텍스트 영역 박스를 조절할 수 있습니다.

T 영역 문자 도구(Area Type Tool)

영역 문자 도구로 오브젝트 상단을 클릭하면 오브젝트 내에 문자를 입력합니다.

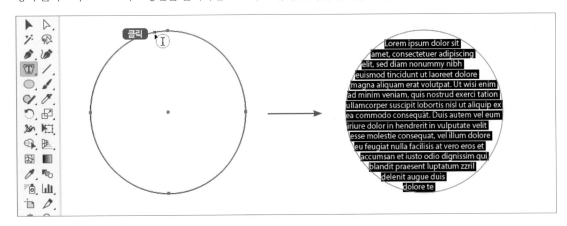

실전 예제로 배우는 일러스트레이터

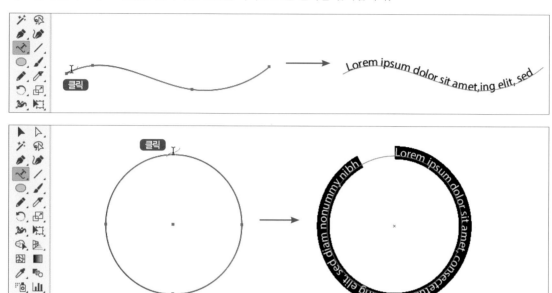

패스 상의 문자 도구(Type on a Path Tool)

패스 상의 문자 도구로 선분을 클릭하면 선분을 따라 흐르는 문자를 입력합니다.

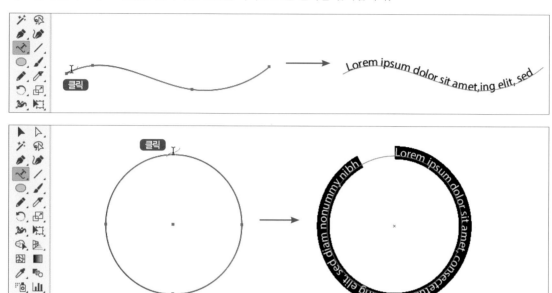

패스 상의 문자 도구로 패스를 따라 글자를 입력한 다음 ▶선택 도구ⓥ로 오브젝트를 선택하면 문자 시작점(Text Start Point)과 끝점(Text End Point)을 드래그하여 조절할 수 있습니다.

시작점과 끝점 반대편에는 문자 방향을 변경하는 조절점이 있습니다. 드래그하여 방향을 변경합니다.

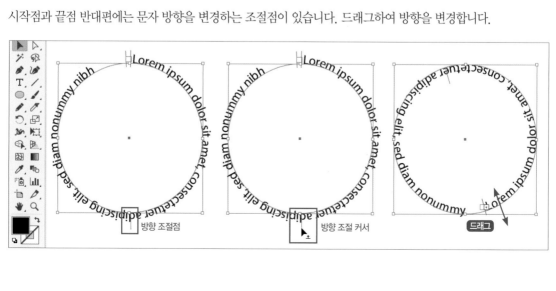

↓T 세로 문자 도구(Vertical Type Tool)

세로 방향으로 문자를 입력합니다.

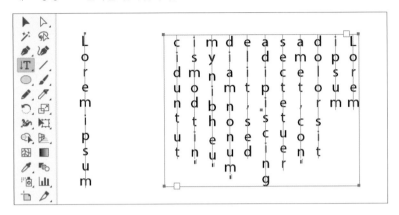

✎ 문자 도구 옵션

❶ 문자 색상　❷ 문자 테두리　❸ 문자 테두리 두께와 형태　❷ Opacity : 문자 불투명도
❺ Character : 서체(Font) 모양　❻ 서체 스타일　❼ Font Size : 문자 크기　❽ Paragraph : 문단 정렬 방식

문자(Character) 패널

❶ Character : 서체(Font) 모양　　❷ 서체 스타일

❸ Font Size : 문자 크기

　단축키 Ctrl + Shift + [(쉼표) : 크기 줄이기
　단축키 Ctrl + Shift +] (마침표) : 크기 키우기

❹ 행간 : 글줄 사이 간격 단축키 Alt +방향키 ↑, ↓

❺ 커닝 : 한 글자와 한 글자 사이 간격

❻ 자간 : 글자 사이 간격 단축키 Alt +방향키 ←, →

❼ 글자 높이 비율　　❽ 글자 너비 비율

❾ Baseline : 기준선 위치　　❿ 글자 각도

⓫ 대문자　⓬ 작은 대문자　⓭ 위첨자　⓮ 아래첨자

⓯ 밑줄 긋기　⓰ 취소선 긋기

단락(Paragraph) 패널

❶ 왼쪽 정렬

❷ 가운데 정렬

❸ 오른쪽 정렬

❹ 양끝 정렬

왼쪽부터 차례대로 마지막 문장 왼쪽 정렬, 가운데 정렬, 오른쪽 정렬, 양끝 정렬

넘치는 문장 표시

텍스트 박스 오른쪽 하단 ⊞표시는 박스 영역을 벗어난 문장이 있다는 표시입니다. 텍스트의 내용을 줄이거나 박스 크기를 변경하여 영역 안에 들어오지 못한 텍스트가 없도록 합니다.

윤곽선 만들기(Create Outlines)

문자는 일반 오브젝트가 아니므로 패스로 이루어져있지 않습니다. 문자 오브젝트를 선택하고 마우스 우클릭하여 [Create Outlines] 단축키 Ctrl + Shift + O 메뉴를 클릭하면 문자를 모양대로 확장하여 일반 오브젝트 패스가 됩니다. 도형처럼 활용할 수 있습니다.

▲ 일반 문자 오브젝트

▲ 우클릭 메뉴

▲ 패스로 변환된 오브젝트

▲ 직접 선택 도구로 일부 고정점을 변형한 오브젝트

★중요★ 서체(폰트)는 설치된 환경에서만 사용할 수 있으므로 다른 환경으로 일러스트레이터 원본 파일을 보낼 때에도 윤곽선 만들기 처리를 하여 보냅니다. 해당 서체가 설치되어있지 않은 환경에서는 서체를 찾을 수 없다는 메시지가 나타나고 모두 기본 서체로 변경됩니다.

글꼴은 작업물의 컨셉에 맞는 모양과 가독성(글이나 기호가 얼마나 잘 읽히는가 하는 능률의 정도)을 고려하여 선택합니다.

명조체(Serif) 계열

문자 획의 시작이나 끝부분에 장식(Serif)이 붙어있는 모양으로, 보통 가로 획과 세로획의 굵기가 다르고 맵시를 내거나 가독성을 높이기 위해 문자 획 시작과 끝 부분에 표시(Serif)가 있는 글꼴입니다. 신문, 책 등의 글이 많은 인쇄물에서 가독성이 높습니다.

Serif

Lorem Ipsum

고딕체(Sans Serif) 계열

문자 획의 시작이나 끝부분에 장식이 없는 글꼴로 'Sans'는 프랑스어로 '없다'는 뜻입니다. 보통 가로획의 굵기와 세로획의 굵기가 비슷합니다. 도로의 표지판이나 모니터, 모바일 화면 등에서 가독성이 높습니다.

Lorem Ipsum

필기체(Script) 계열

필기체는 손글씨를 활자화한 느낌의 글꼴로, 보통 글자의 끝을 다음 글자와 연결되도록 디자인된 글자들이 많습니다. 우아하고 자연스럽지만 글줄이 흐트러져 보이거나 가독성이 떨어지는 경우가 있으므로 유의하여 사용합니다.

Loremipsum

넘치는 문장 연결하기 ■ [Part10]-[문자.ai]

넘치는 문장 표시를 사용하여 문장을 다른 텍스트 영역으로 연결할 수 있습니다. 문장이 연결되어 레이아웃 편집이 용이합니다.

1 ▶선택 도구♥ 나무 모양의 오브젝트 하단 田표시를 클릭하면 넘치는 문장을 불러오고 커서가 바뀝니다. 바뀐 커서 모양(🔲)을 확인하고 문장을 연결할 부분을 클릭하면 같은 모양의 오브젝트에 나머지 문장을 불러와 내용을 연결합니다. 오브젝트 크기를 조절하면 자동으로 문장 길이도 조절됩니다.

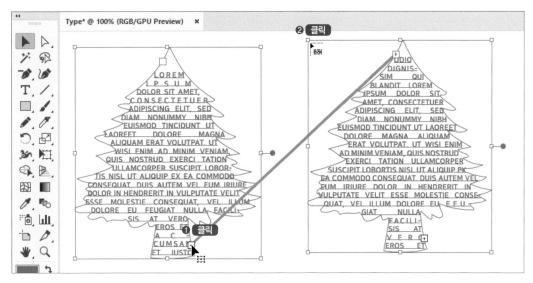

2 다른 모양으로 문장을 연결할 시, 다른 모양의 오브젝트 상단 안쪽에 마우스를 대면 커서가 바뀝니다. 커서 모양(🔲)을 확인하고 클릭하여 연결합니다.

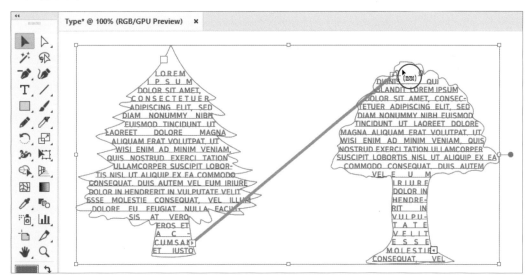

폰트 다운로드하고 설치하기

서체는 저작권이 있으므로 이용대금을 지불하고 유료 서체를 사용하거나 무료로 배포하는 상업적 사용 가능 서체를 설치하여 사용합니다. 아래의 웹사이트에서 서체를 다운받을 수 있습니다.

눈누폰트 (한글 서체)

https://noonnu.cc

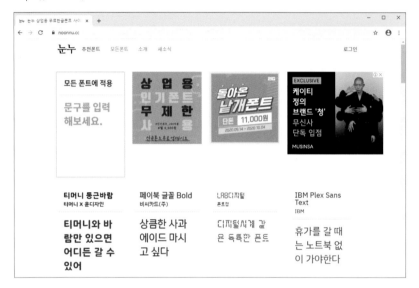

다폰트 (영문 서체)

https://www.dafont.com

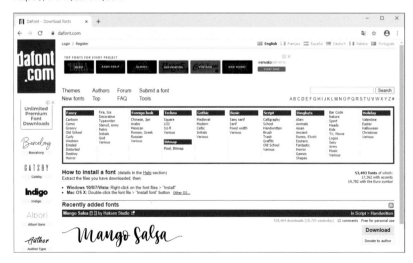

서체마다 사용 범위가 다르므로 반드시 라이센스를 확인하고 사용합니다. 다운받은 서체는 압축을 해제 한 뒤 더블클릭하고 [설치] 버튼을 누르거나 우클릭 메뉴 [설치]를 클릭합니다.

🖥 자율 예제

– 문자를 일반 오브젝트로 변경하여 다양하게 디자인 하고, 펜 도구 등을 활용하여 타이포그래피를 완성해봅니다.

실전 예제로 배우는
일러스트레이터

Blend

01_ 블렌드 도구 Blend Tool

CHAPTER

01

블렌드 도구

| Blend Tool |

개체를 혼합하는 기능으로 여러 오브젝트를 블렌드하면 선택한 오브젝트들 사이에 변화하는 중간 단계의 모양을 만들어 색상과 형태의 자연스러운 변화를 고르게 분포합니다. 오브젝트가 매끄럽게 변하도록 하거나 그레이디언트 도구로는 표현하기 어려운 다양한 형태의 색 변화를 나타낼 수 있습니다.

📁 [Part11]-[Blend.ai]

블렌드 적용

1 🔲블렌드 도구W로 오브젝트를 연결할 순서대로 클릭-클릭하면 두 오브젝트의 사이에 혼합된 모양들이 자동으로 만들어지며 색상도 자연스럽게 변화합니다. 기본적으로 [Smooth Color(매끄러운 색상)] 모드가 적용됩니다. 중간 단계가 많아 그레이디언트처럼 표현됩니다.

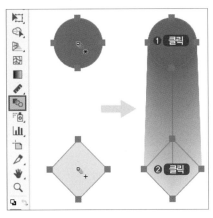

2 도구를 더블클릭하거나 Enter키를 누르면 대화상자가 열립니다. [Spacing] 항목에서 [Specified Steps(지정된 단계)]를 선택하고 블렌드 단계의 개수를 지정합니다. 3을 입력하고 [OK]하면 중간 단계를 3개로 수정합니다.

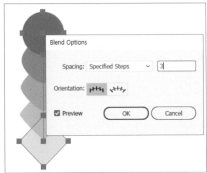

3 다시 도구를 더블클릭하거나 Enter키를 눌러 대화상자를 열고 [Specified Distance(지정된 거리)]로 블렌드 단계의 거리값을 입력합니다. 5mm를 입력하면 단계들의 간격을 5mm로 지정하여 수정합니다.

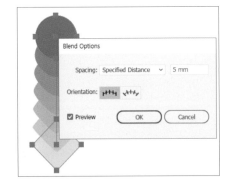

실전 예제로 배우는 일러스트레이터

자동으로 블렌드 적용

1 ▶선택 도구 V로 연결할 오브젝트들을 모두 선택하고 [Object]-[Blend]-[Make] (단축키 Alt+Ctrl+B)를 하면 레이어 패널에 오브젝트가 쌓인 순서대로 블렌드를 적용합니다.

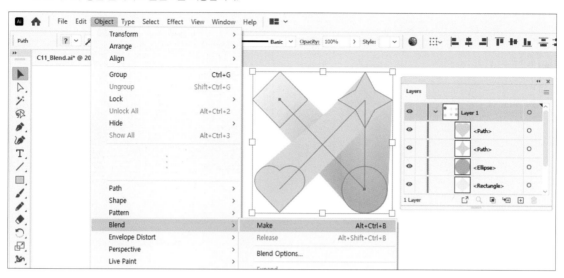

2 Make 명령을 사용하면 다양한 블렌드 흐름 모양을 만들 수 있습니다. 사용자가 원하는 Spine(축)을 그리고 적당한 거리마다 하나씩 연결할 오브젝트를 그립니다.

3 Spine 패스에 칠(Fill)과 획(Stroke) 색상을 적용하지 않습니다. ▶선택 도구 V로 블렌드할 오브젝트와 Spine 패스를 모두 선택한 뒤 단축키 Alt+Ctrl+B를 눌러 [Make] 합니다. 칠(Fill)과 획(Stroke) 색상을 적용하지 않은 패스를 따라 블렌드가 적용됩니다.

블렌드 도구로 블렌드 연결 순서와 위치 지정

블렌드 도구로 오브젝트를 선택하는 경우, 레이어 패널의 배열 순서와는 관계없이 작업화면에서 클릭한 순서대로
블렌드를 적용하고 연결될 고정점과 선분도 세부적으로 선택하여 블렌드 방향을 설정할 수 있습니다.

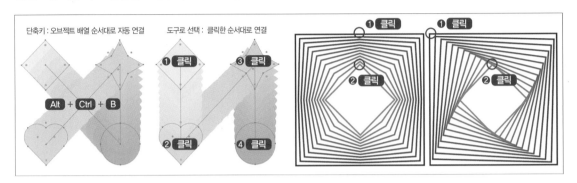

블렌드 메뉴

❶ Release : 블렌드 해제

❷ Expand : 블렌드 확장

❸ Replace Spine : Spine 대체

❹ Reverse Spine : 작업화면에서 블렌드 오
브젝트들의 위치(좌표) 반전

❺ Reverse Front to Back : 레이어패널에
서 블렌드 오브젝트들이 쌓인 앞 뒤 배열
(Arrange) 순서 반전

▲ Original

▲ Reverse Spine

▲ Reverse Front to Back

블렌드 해제(Release)

오브젝트와 Spine이 분리되며 블렌드가 해제됩니다.

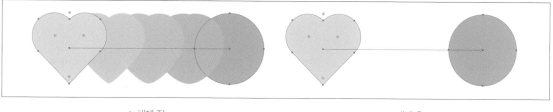

▲ 해제 전   ▲ 해제 후

블렌드 확장(Expand)

블렌드가 적용된 상태에서는 계속 수정이 가능하지만 실제로 중간 단계의 오브젝트들이 생긴 것은 아니므로 개별 선택할 수 없습니다. 윤곽선 보기 Ctrl+Y를 하면 중간 단계의 패스가 없는 것을 확인할 수 있습니다. 블렌드가 적용된 그대로 오브젝트를 확장하려면 [Expand] 메뉴를 클릭합니다. 중간 단계의 오브젝트들을 그룹 상태의 패스로 확장합니다.

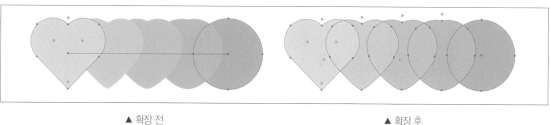

▲ 확장 전   ▲ 확장 후

블렌드 대체(Replace Spine)

적용된 Spine을 다른 모양으로 대체하려면 칠(Fill)과 획(Stroke) 색상이 없는 Spine 패스를 그린 뒤 모두 선택하고 [Replace Spine] 메뉴를 클릭합니다. 직선으로 연결되어있던 블렌드 오브젝트 위에 원형 오브젝트를 그리고 블렌드 대체를 적용하였습니다.

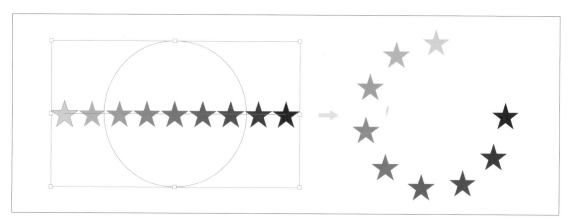

그룹 블렌드

블렌드 도구를 더블클릭하여 대화상자를 열고 [Spacing] 항목에서 [Specified Steps]를 2개로 입력하고 [OK] 합니다. ▶선택 도구♥로 6개의 부엉이 오브젝트를 모두 선택하고 단축키 Alt+Ctrl+B를 눌러 [Make] 합니다. 6개의 오브젝트 사이에 2개씩 중간 단계가 생성되었습니다.

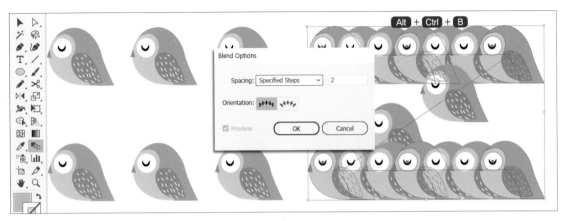

▲ 개별 오브젝트

그룹을 지정한 후 블렌드를 적용하면 그룹과 그룹 사이에 중간 단계가 생성됩니다.

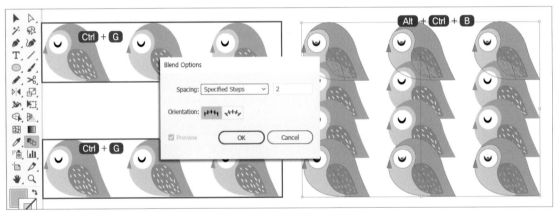

▲ 그룹

🖱️ 그레이디언트 심볼 만들기

1 ◎원형 도구[L]로 원을 4개 그리고 각각 다른 칠(Fill) 색상을 적용합니다. 🖱️블렌드 도구[W]를 더블 클릭하여 [Spacing] 항목을 [Smooth Color]로 지정하고 [OK]합니다.

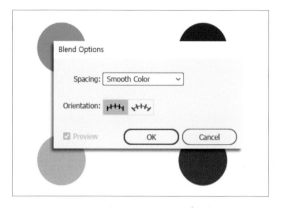

2 🖱️블렌드 도구[W]로 **❶**번 원을 클릭하고 **❹**번 원을 클릭합니다.

  • 그레이디언트처럼 매끄러운 색상이 잘 나타나지 않는다면 [Blend Option]의 [Spacing] 항목을 [Specified Steps]로 변경하고 150을 입력합니다.

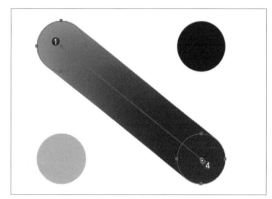

3 **❷**번 원을 클릭합니다.

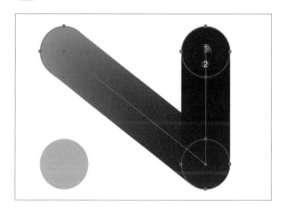

4 **❸**번 원을 클릭합니다.

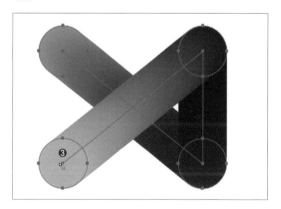

5 **❶**번 원을 다시 클릭하여 연결합니다.

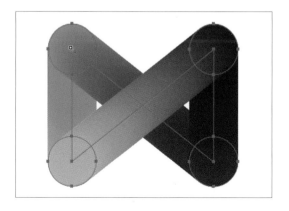

6 뫼비우스의 띠처럼 색상이 연결된 그레이디언트 심볼이 완성되었습니다.

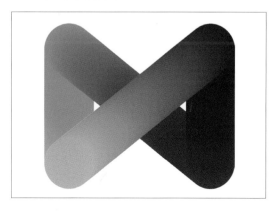

1 📇블렌드 도구 W를 더블 클릭하여 대화상자에서 [Spacing] 항목을 [Specified Steps]으로 지정하고 15를 입력합니다.

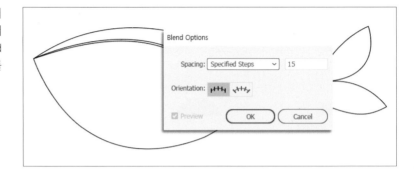

2 ▶선택 도구 V로 ❶번과 ❷번 선을 선택하고 단축키 Alt +Ctrl+B를 눌러 [Make]합니다.

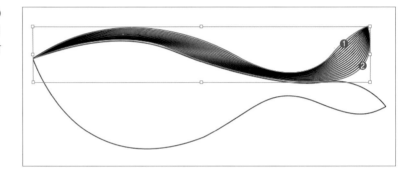

3 ▶선택 도구 V로 ❸번과 ❹번 선을 선택하고 단축키 Alt +Ctrl+B를 눌러 [Make]합니다. 고래 모양의 라인 일러스트가 완성되었습니다.

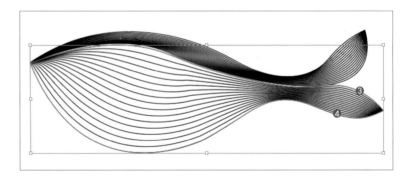

17-19 Jul 19
7:00 Am-1:00pm

10KM COLOR
RUN & WALK

New park
2648, New York, USA

More Information
064 1597 368543

www.funcolorrun.com

자율 예제 | [Part11]-[Poster.ai]

- 완성작을 참고하여 다양한 모양으로 블렌드를 만들어 포스터를 완성합니다.

실전 예제로 배우는
일러스트레이터

PART

12

Brush

CHAPTER 01

브러시

| Brush |

브러시를 이용하면 일반적인 패스의 획(Stroke) 모양을 여러가지로 스타일화 할 수 있습니다. 기존 패스에 브러시 패널의 획 모양을 적용하거나 페인트브러시 도구를 사용하여 패스를 그리면 스타일화 된 브러시가 획에 적용된 상태로 패스를 그립니다.

브러시(Brushes) 패널 단축키 F5

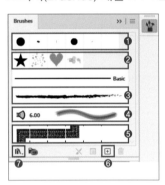

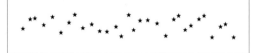

❶ Calligraphic Brush (캘리그래픽 브러시)
손으로 펜을 사용하여 그린 것과 비슷한 획을 표현합니다.

❷ Scatter Brush(산포 브러시)
패스를 따라 오브젝트가 흩어져있는 듯한 모양의 브러시입니다.

❸ Art Brush(아트 브러시)
목탄, 연필 등 여러 가지 질감의 모양이나 화살표 등의 모양이 반복되지 않고 패스 길이에 맞춰 한 번씩 적용됩니다.

❹ Bristle Brush(강모(빳빳한 털) 브러시)
강모 브러시로 칠한 듯한 모양을 가진 브러시 획입니다.

❺ Pattern Brush(패턴 브러시)
패스를 따라 반복되는 개별 타일로 구성된 패턴의 획입니다. 패턴 브러시에는 패턴의 옆, 내부 모퉁이, 외부 모퉁이, 시작 및 끝 등 다섯 개의 타일을 각각 다르게 지정할 수 있습니다.

❻ New Brush : 브러시로 만들 오브젝트를 선택하고 버튼을 클릭하여 브러시 종류를 선택하고 새 브러시로 등록합니다.

❼ Brush Libraries Menu : 일러스트레이터에서 기본으로 제공하는 브러시 견본을 엽니다.

✏ 페인트브러시 도구(Paintbrush Tool) 단축키 Ⓑ

기존 패스의 획(Stroke)에 적용할 때에는 오브젝트 선택 후 브러시 패널에서 모양을 선택하고, 페인트브러시 도구를 사용하면 브러시 모양이 획에 적용된 상태로 패스를 그릴 수 있습니다. 브러시 패널에서 다른 모양을 선택하면 브러시 모양이 변경됩니다.

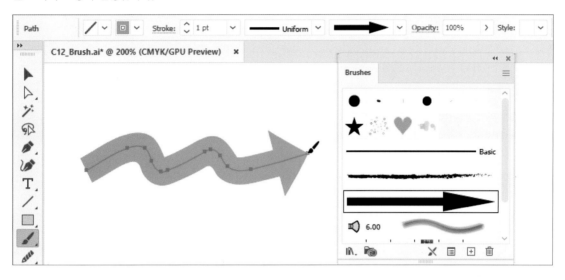

브러시 수정하기

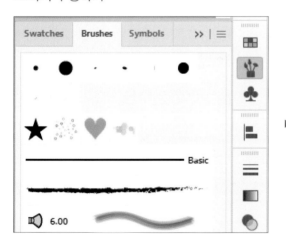

① 브러시 패널에서 수정할 브러시를 더블클릭합니다.

② 대화상자가 열리면 [Preview]에 체크하고 항목을 수정한 다음 [OK] 합니다.

③ 수정 전의 브러시를 적용한 패스가 있을 경우 [Apply to Strokes] 버튼을 클릭하면 수정된 사항을 적용하고 [Leave Strokes] 버튼을 클릭하면 수정 전의 패스는 그 모양을 유지합니다.

CHAPTER

02

브러시 만들기

사용자가 브러시를 만들어 사용할 수 있습니다. 다양한 모양의 브러시를 제작하여 아트웍에 활용합니다.

산포 브러시 📁 [Part12]–[엽서.ai]

패스를 따라 흩어지는 모양의 브러시를 만듭니다. 속성에 그레이디언트를 적용하면 브러시로 등록할 수 없습니다. (🔲블렌드 도구W를 사용하여 그레이디언트를 표현하면 등록할 수 있습니다.)

1 나뭇잎 오브젝트를 선택하고 브러시패널에서 새 브러시 버튼(⊞)을 누릅니다. 브러시 종류는 [Scatter Brush]를 선택합니다.

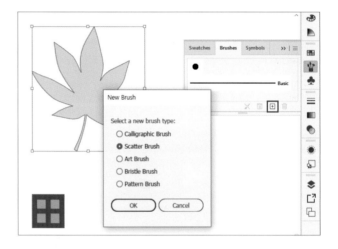

2 브러시 크기와 사이 간격, 산포 정도와 각도를 무작위로 나타내기 위해 항목을 모두 [Random]으로 변경하고 수치를 아래와 같이 조절합니다. [Method]를 [None]으로 하면 색상이 변경되지 않고 [Hue Shift]를 하면 획(Stroke) 색상에 따라 브러시 색상도 변경됩니다. 현재 크기를 1pt의 획 두께로 저장합니다.

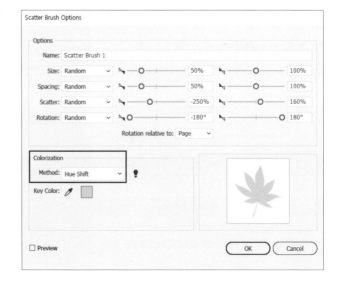

실전 예제로 배우는 일러스트레이터

3 ✏️페인트브러시 도구(B)로 드래그하여 칠합니다. 선 패스가 만들어지며 획이 나뭇잎 모양으로 나타납니다. 적용된 획 모양의 크기는 획 두께(Weight)로 조절합니다.

패턴 브러시

1 ❶번 오브젝트를 견본(Swatches) 패널에 드래그&드랍하여 패턴으로 등록합니다.

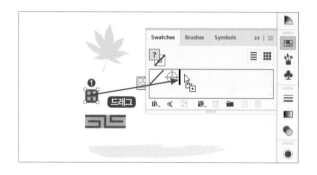

2 ❷번 오브젝트를 선택하고 브러시패널에서 새 브러시 버튼(回)을 누릅니다. 브러시 종류는 [Pattern Brush]를 선택합니다.

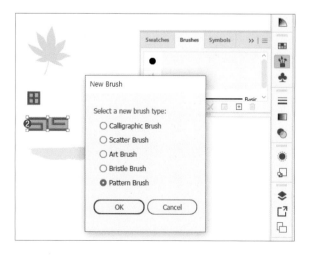

3 ❶ 패스의 바깥쪽 모서리에 적용될 모양 지정 (견본 패널에 등록된 패턴만 지정 가능)

❷ 등록한 오브젝트가 패스 중간에 반복되어 적용

❸ 패스의 안쪽 모서리에 적용될 모양 지정

❹ 패스 시작점에 적용할 모양 지정

❺ 패스 끝점에 적용할 모양 지정

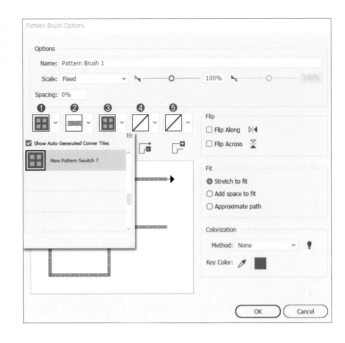

4 배경 오브젝트에 등록한 패턴 브러시를 적용합니다.

실전 예제로 배우는 일러스트레이터

아트 브러시

1 ❸번 오브젝트를 선택하고 브러시 패널에서 새 브러시 버튼(□)을 누릅니다. 브러시 종류는 [Art Brush]를 선택합니다.

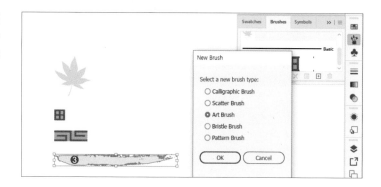

2 세부 항목을 아래와 같이 입력합니다. [Direction] 항목에서 드래그 할 시 적용되는 모양의 방향을 선택합니다.

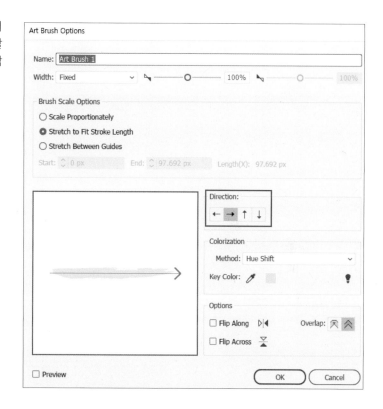

3 ✏️페인트브러시 도구[B]를 선택하고 글자 모양대로 드래그합니다.

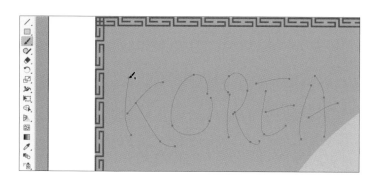

4 붓글씨로 쓴 듯한 느낌의 문자가 완성되었습니다. 적용된 브러시 모양이 크거나 작을 경우 획 두께(Stroke Weight)를 조정합니다.

5 T 문자 도구 T 로 적절한 문구를 입력하여 엽서 디자인을 완성합니다.

선 폭 형태 변경하기

1 오브젝트를 선택하고 획(Stroke)을 적용합니다. 옵션바의 [Variable Width Profile] 항목에서 선 폭 형태를 변경합니다.

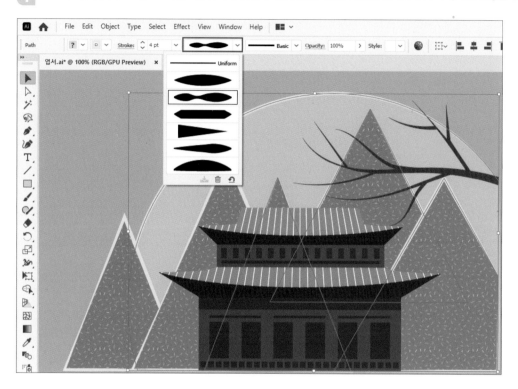

2 선 두께가 일정한 [Uniform]과 다른 다양한 선 폭 형태가 적용되어 자연스러운 드로잉을 표현할 수 있습니다.

Symbol

```
C H A P T E R
01
```

심볼

| Symbol |

같은 오브젝트가 여러 개 필요할 때 심볼로 만들어 사용하면 작업 시간을 절약하고 파일 크기를 상당히 줄일 수 있습니다. 또한 심볼은 3D 효과가 적용된 오브젝트에 매핑 할 수 있는 아트 오브젝트입니다.

심볼(Symbol) 패널 단축키 Shift + Ctrl + F11

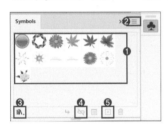

❶ 심볼 선택
❷ 심볼 메뉴
❸ Symbol Libraries Menu : 심볼 견본
❹ Break Link To Symbol : 심볼 연결 끊기
　연결이 끊어지면 심볼이 아닌 일반 오브젝트가 됩니다.
❺ New Symbol : 새 심볼 만들기

심볼 분무기 도구(Symbol Sprayer Tool) 단축키 Shift + S 📁 [Part13]-[심볼.ai]

심볼 패널에서 심볼을 선택하고 심볼 분무기 도구로 작업화면을 클릭하면 심볼이 뿌려집니다. Alt 키를 누르고 심볼을 클릭하면 심볼을 삭제합니다. 하나의 박스(세트) 안에 뿌려진 심볼들은 개별 선택이 되지 않는 아트 오브젝트로, 개수가 많아도 용량이 늘어나지 않습니다. (일반 패스가 아니므로 Ctrl + Y 를 눌러 윤곽선 보기를 하면 패스가 없는 것을 확인할 수 있습니다.)

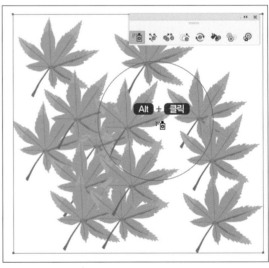

도구를 더블클릭하거나 Enter 키를 누르면 도구 대화상자가 열립니다.

❶ Diameter(도구 직경) : 도구의 범위 안에 있는 심볼들만 조절합니다. 단축키 ⊓. ⊔

❷ Intensity(강도) : 수치가 높을수록 도구의 기능이 강하게 적용됩니다.

❸ Symbol Set Density(밀도) : 수치가 낮을수록 밀도가 낮아 심볼 사이 간격이 넓습니다.

심볼 분쇄기 도구(Symbol Scruncher Tool)

클릭하면 심볼이 도구 직경 가운데로 모아집니다. Alt 키를 누르고 클릭하면 직경 바깥쪽으로 퍼뜨립니다.

심볼 크기 조절기 도구(Symbol Sizer Tool)

클릭하면 심볼 크기가 커집니다. Alt 키를 누르고 클릭하면 심볼 크기가 작아집니다.

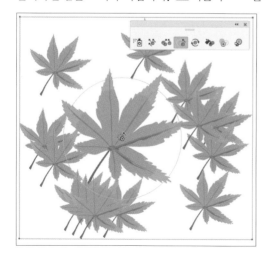

심볼 이동기 도구(Symbol Shifter Tool)

드래그하여 심볼을 이동합니다.

심볼 회전기 도구(Symbol Spinner Tool)

드래그하여 심볼을 회전합니다.

심볼 염색기 도구(Symbol Stainer Tool)

칠(Fill) 색상을 지정하고 심볼을 클릭하면 심볼이 점점 염색되듯 색이 바뀝니다. Alt 키를 누르고 클릭하면 다시 원래의 색으로 돌아옵니다.

심볼 투명기 도구(Symbol Screener Tool)

클릭할수록 불투명도가 낮아집니다. Alt 키를 누르고 클릭하면 다시 원래의 불투명도로 돌아옵니다.

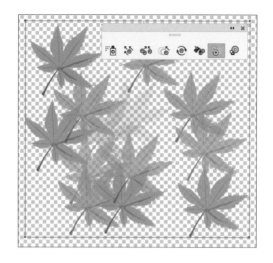

심볼 스타일기 도구(Symbol Styler Tool)

그래픽 스타일 패널(Graphic Styles)에서 그래픽 스타일을 선택하고 심볼을 클릭하면 스타일이 심볼에 적용됩니다. Alt 키를 누르고 클릭하면 다시 원래의 스타일로 돌아옵니다.

심볼 변경

심볼 세트를 선택하고 심볼 패널에서 변경할 심볼을 선택한 다음 심볼 패널 메뉴에서 [Replace Symbol]을 클릭합니다.

중요 심볼은 하나의 박스(세트) 안에 여러 종류를 뿌릴 수 있습니다. 하지만 심볼 도구들은 심볼 패널에 선택된 심볼만 조절하므로 여러 종류의 심볼을 한꺼번에 조절할 때는 심볼 패널에서 [Ctrl]키를 눌러 조절할 심볼들을 중복 선택 하고 도구를 사용합니다.

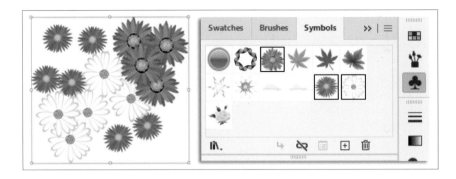

실전 예제로 배우는 **일러스트레이터**

CHAPTER

02

심볼 만들기

사용자가 심볼을 만들어 사용할 수 있습니다. 반복되는 오브젝트가 필요하다면 심볼을 제작하여 아트웍에 활용합니다.

📁 [Part13]-[밤하늘.ai]

1 ❶번 오브젝트를 선택하고 심볼 패널의 새 심볼 버튼(⊞)을 누릅니다. [Export Type]을 [Graphic]으로 선택하고 [OK]합니다.

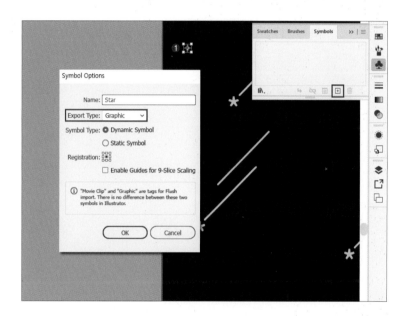

2 🔳심볼 분무기 도구(Shift+S)로 드래그하여 반짝이는 모양의 오브젝트를 뿌립니다.

3 심볼 이동기 도구로 드래그하여 심볼의 위치를 이동하고, 심볼 크기 조절기 도구로 클릭하여 크기를 조절하고 반짝이는 밤 하늘을 완성합니다.

– 파일 안에 있는 꽃, 잎, 나무 등의 오브젝트를 심볼로 등록하고 자유롭게 뿌려 봄 일러스트를 완성해봅니다.

실전 예제로 배우는
일러스트레이터

CHAPTER 01

클리핑 마스크

| Clipping Mask |

아트웍을 특정 마스크 오브젝트 영역만큼 보이도록 하는 기능으로 선택한 오브젝트들 중 맨 위에 있는 개체가 아래에 있는 모든 개체를 클립합니다. 아트웍을 지우거나 삭제하지 않아도 원하는 모양만큼 나타낼 수 있고 다시 마스크를 해제할 수 있는 비파괴적 방법입니다.

📁 [Part14]-[클리핑마스크.ai]

1 클리핑 마스크가 필요한 아트웍 위에 마스크 오브젝트를 그립니다. ▢둥근 사각형 도구로 모서리가 둥근 사각형을 그렸습니다.

2 ▶선택 도구⩒로 마스크 오브젝트만큼 보여야할 모든 오브젝트를 선택합니다. 선택한 오브젝트 중 제일 위에 있는 오브젝트만 마스크로 사용할 수 있습니다.

3 마우스 우클릭하여 [Make Clipping Mask] 합니다. 단축키 Ctrl+7

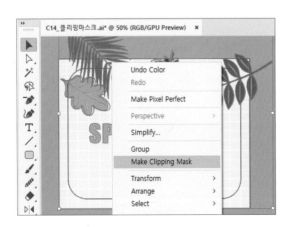

4 마스크가 적용된 상태로 내용을 편집하려면 더블클릭하여 격리모드로 변환하고 편집한 다음 다시 빈 작업화면을 더블클릭하여 격리모드를 해제합니다.

5 마우스 우클릭하여 [Release Clipping Mask]를 단축키 Alt + Ctrl + 7 하면 마스크가 해제됩니다.

📑 문자를 활용한 클리핑 마스크 실습

1 아트웍을 선택하고 [Object]–[Pattern]–[Make] 메뉴를 클릭합니다.

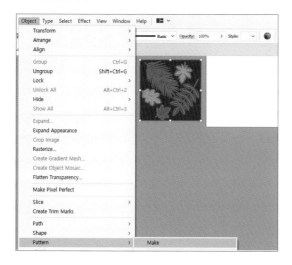

2 [Tile Type]을 [Brick by Row]로 선택하고 상단의 [Done]을 클릭하여 패턴으로 등록합니다.

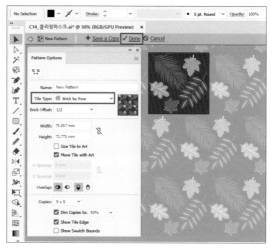

3 사각형을 그리고 칠(Fill) 항목에 패턴을 적용합니다.

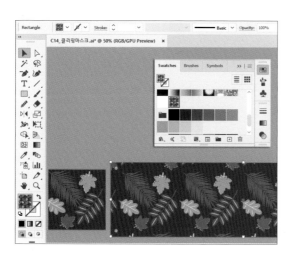

4 크기 조절 도구를 더블클릭하여 대화상자에서 [Uniform] 항목에 80%를 입력합니다. 오브젝트 크기는 유지하고 패턴 크기만 조절하기 위해 [Transform pattern] 항목에만 체크합니다.

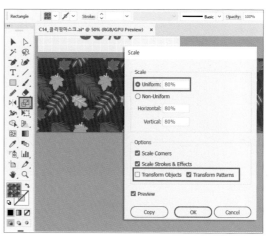

⑤ 문자 도구로 작업화면을 클릭하여 문자를 입력하고 서
체 모양과 크기를 자유롭게 지정합니다.

⑥ 패턴을 적용한 사각형과 글자 오브젝트를 모두 선택하
고 우클릭 메뉴 또는 단축키를 사용하여 클리핑 마스크
합니다.

컴파운드 패스(Compound Path)

두 개 이상의 오브젝트나 그룹 오브젝트는 클리핑 마스크로 사용할 수 없습니다. 이런 경우 컴파운드 패스로 오브
젝트를 병합하여 사용합니다.

📁 [Part14]−[Rain.jpg]

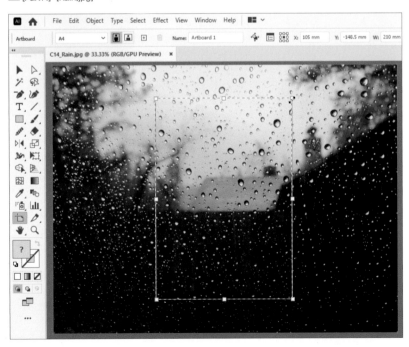

① 이미지를 열고 🖿대지 도구(Shift+O)로 사진 크기에 맞게 대지 크기를 조절합니다.

2 원형 도구로 원을 그린 다음 직접 선
택 도구로 상단 고정점 하나만 선택하
고 드래그 하여 위로 올립니다. 방향선
을 삭제하여 뾰족하게 만들기 위해 옵
션바 [Convert] 항목의 아이콘을 클릭
합니다.

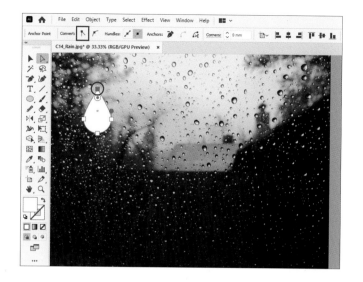

3 여러 개를 복사하여 크기를 다양하게
변경하고 물방울 오브젝트만 모두 선
택합니다.

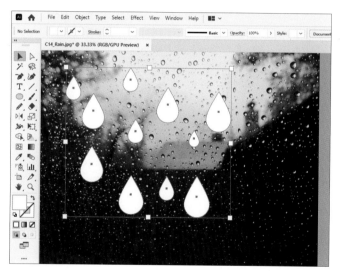

4 [Object]–[Compound Path]–[Make]
메뉴를 클릭하면 여러개의 오브젝트
가 병합되어 하나의 오브젝트가 됩니
다. (패스파인더의 [Unite]을 사용할 경
우 겹쳐있지 않은 도형은 합쳐지지 않
고 그룹이 됩니다.)

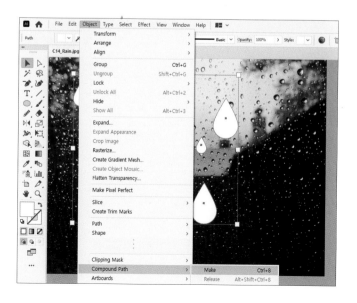

5 컴파운드 패스로 병합한 오브젝트와 아래의 이미지를 모두 선택하고 클리핑 마스크 합니다.

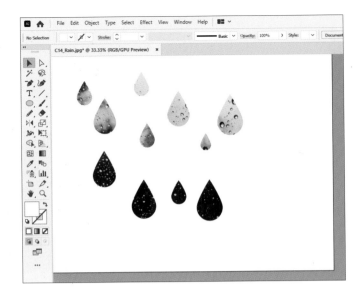

6 컴파운드 패스는 우클릭 메뉴에서 [Release Compound Path]하여 병합을 해제할 수 있습니다. (클리핑 마스크가 적용되어있는 경우 먼저 클리핑 마스크를 해제 합니다.)

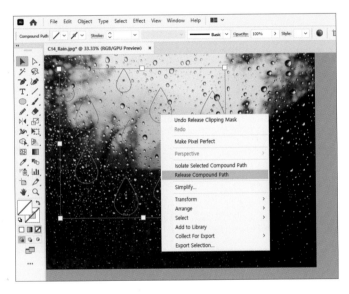

CHAPTER
02

불투명 마스크

| Opacity Mask |

마스크 오브젝트에 적용된 흑백의 명암으로 클리핑된 아트웍의 불투명도를 조절하는 기능입니다. 불투명 마스크가 흰색이면 클리핑 된 하위 오브젝트들은 완전한 불투명도로 작업화면에 나타나고 불투명 마스크가 검정색이면 오브젝트들은 작업화면에 나타나지 않습니다. 마스크의 회색 명암에 따라 아트웍의 투명도 수준이 달라집니다.

📁 [Part14]-[무지개.ai]

1 무지개 오브젝트 위에 타원 도형을 그립니다.

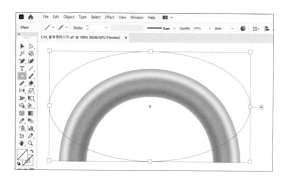

2 칠(Fill) 속성에 그레이디언트를 적용하고 그레이디언트 패널에서 색상 스탑을 왼쪽에 흰색, 오른쪽에 검정색으로 지정한 뒤 드래그 하여 위치를 조정합니다.

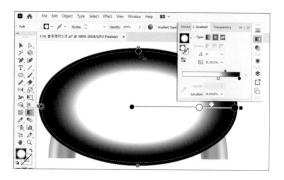

3 무지개 오브젝트와 타원 오브젝트 모두 선택한 뒤 투명(Transparency) 패널에서 [Make Mask] 버튼을 클릭합니다. 버튼이 없는 경우 메뉴 버튼을 눌러 [Show Options] 메뉴를 클릭합니다.

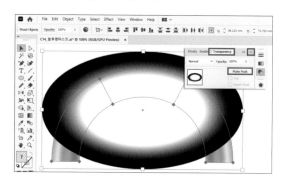

4 상위 오브젝트의 명암대로 불투명도가 적용됩니다. 흰색인 부분은 불투명하고 점점 검은색이 될수록 클리핑된 하위 오브젝트가 투명하게 표현됩니다. 해제할 경우 투명 패널의 [Release] 버튼을 클릭합니다.

CHAPTER

03

격리 모드

| Isolate Mode |

레이어, 하위 레이어, 그룹, 심볼, 클리핑 마스크, 컴파운드 패스, 그레이디언트 망 및 패스 등을 작업화면에서 다른 오브젝트들과 따로 격리하여 작업하는 모드입니다. 오브젝트의 일부를 쉽게 선택하고 해당 오브젝트만 편집할 수 있도록 격리합니다. 격리 모드에서는 격리 모드에 있는 오브젝트만 편집할 수 있고 다른 모든 오브젝트는 선택되지 않습니다.

📁 [Part14]-[가을.ai]

1 선택 도구로 아트웍 그룹을 더블클릭합니다.

2 파일탭 하단에 격리모드가 표시됩니다. 다른 오브젝트와 그룹을 한 번 격리한 상태로, 그룹 외의 오브젝트는 선택되지 않고 그룹 내의 오브젝트만 선택하여 편집할 수 있습니다.

3 나뭇잎 오브젝트 하나를 다시 한 번 더 더블클릭 합니다. 한 번 더 격리 모드가 적용됩니다. 다른 오브젝트는 선택되지 않고 한 번 더 격리한 오브젝트만 편집할 수 있습니다.

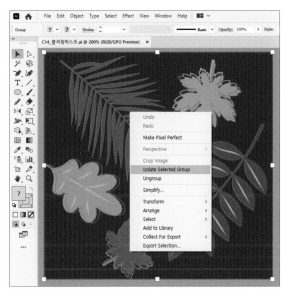

4 편집을 다 마친 후 파일탭 아래의 화살표 버튼을 차례대로 계속 누르거나 빈 작업화면을 더블클릭 합니다. 격리모드가 해제됩니다. 마우스 우클릭 메뉴 [Isolate Selected ~]로도 격리 모드를 적용할 수 있습니다.

실전 예제로 배우는
일러스트레이터

라이브 페인트

CHAPTER 01 라이브 페인트

| Live Paint |

여러 오브젝트를 라이브 페인트 그룹으로 변환하면 실제 패스와는 관계없이 겹쳐져있는 경계를 따라 새롭게 채색 할 수 있습니다. 각각 연결되어 있지 않은 패스라도 겹쳐있는 공간에 칠(Fill)을 하거나 부분적으로 획(Stroke)을 칠합니다. 오브젝트의 배열 순서나 패스의 구분 없이 드로잉을 하는 직관적인 방법으로 자유롭게 채색할 수 있습니다.

■ [Part15]–[패키지.ai]

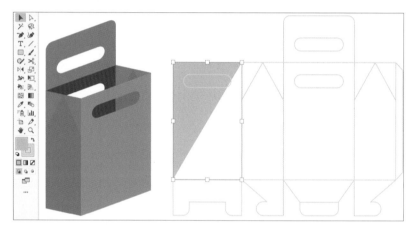

1 패키지 디자인을 위한 전개도 오브젝트를 선택하고 칠(Fill) 색상을 칠합니다. 모두 연결된 닫힌 패스가 아니므로 색을 적용하여도 면적이 다 채워지지 않습니다.

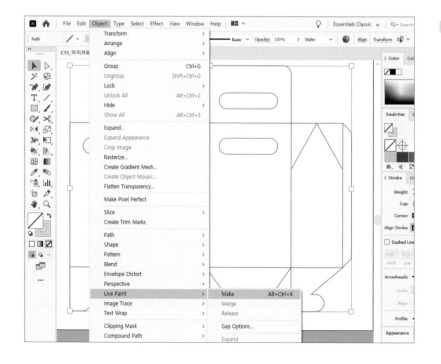

2 채색을 취소하고 전개도의 모든 오브젝트를 선택한 후 [Object]–[Live Paint]–[Make] 메뉴를 클릭합니다.

실전 예제로 배우는 일러스트레이터

3 Live Paint 모드가 되면 바운딩 박스 모양이 변경됩니다.

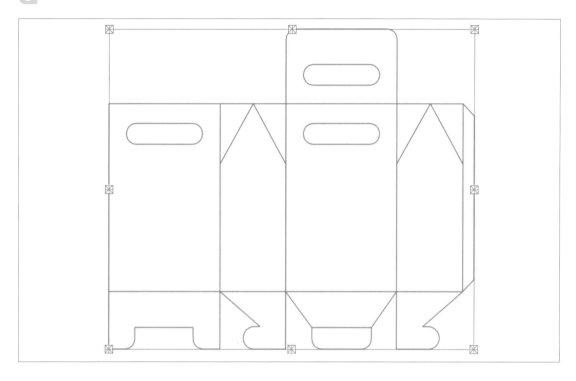

4 단축키 K 를 눌러 라이브 페인트 통 도구(Live Paint Bucket)를 선택합니다. 오브젝트의 실제 열리고 닫힌 상태와 관계없이 겹쳐져 있는 모든 면이 따로 인지되어 채색이 가능합니다.

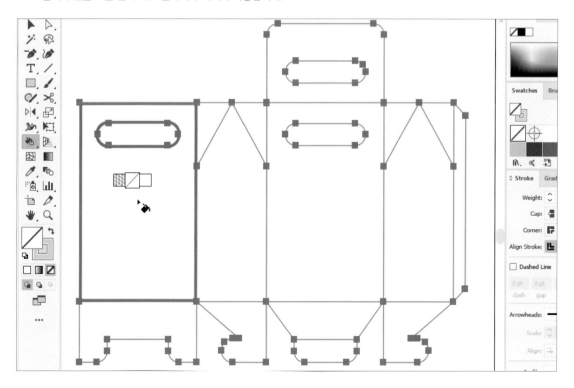

5 칠(Fill) 색상을 먼저 지정하고 면을 클릭하여 채색합니다. 도구 상단에 있는 3개의 사각형은 견본 패널에 있는 스와치를 사용하였다면 순서대로 나타납니다. 키보드 방향키로 스와치를 선택할 수 있습니다.

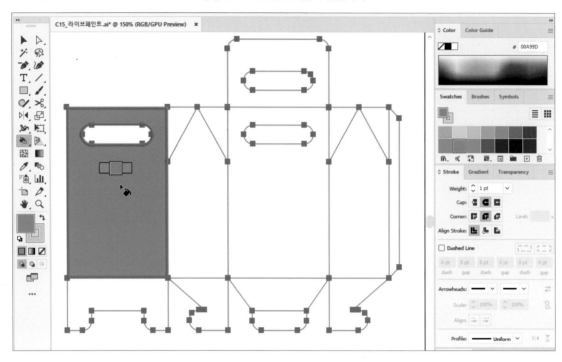

6 견본(Swatches) 패널에서 패턴을 선택하고 클릭하면 패턴이 채워지고, 그레이디언트를 선택하고 클릭하면 그레이디언트가 채워집니다.

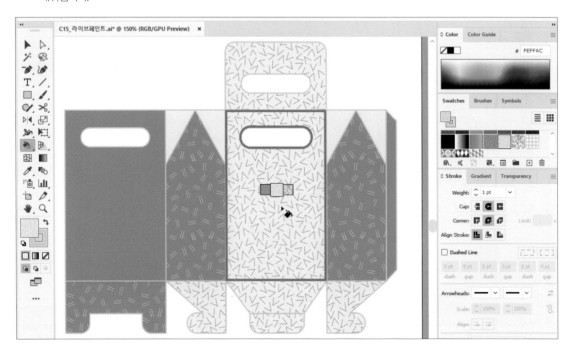

7 획(Stroke) 색상을 변경할 경우 선분 가까이에 Shift 키를 누르고 마우스를 대면 브러시 모양의 커서가 나타납니다. 클릭하면 획(Stroke) 색상을 칠합니다.

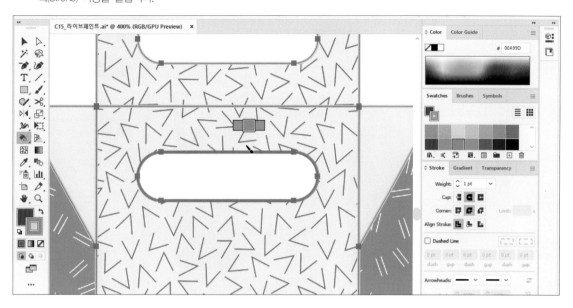

8 칠을 마친 뒤 [Object]–[Live Paint]–[Expand] 메뉴로 확장하면 채색한 부분이 새로운 오브젝트로 만들어집니다.

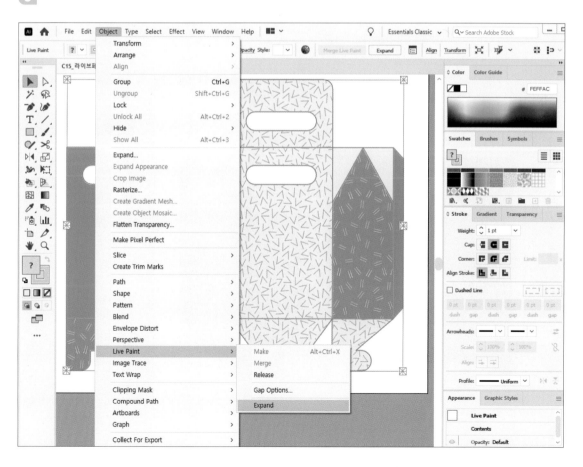

PART 15 라이브 페인트

9 그룹 상태이므로 개별 선택을 할 경우 [Ungroup]합니다.

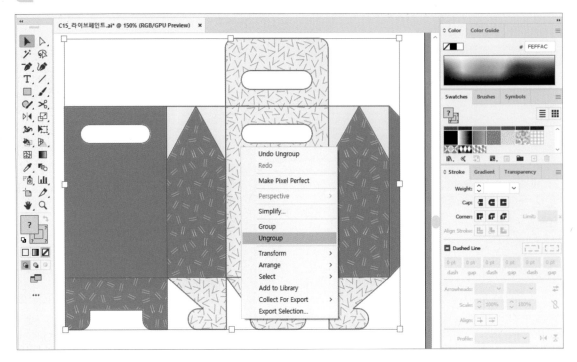

10 Live Paint 하기 전에는 없었던 면의 오브젝트가 채색이 되어 만들어진 것을 확인합니다.

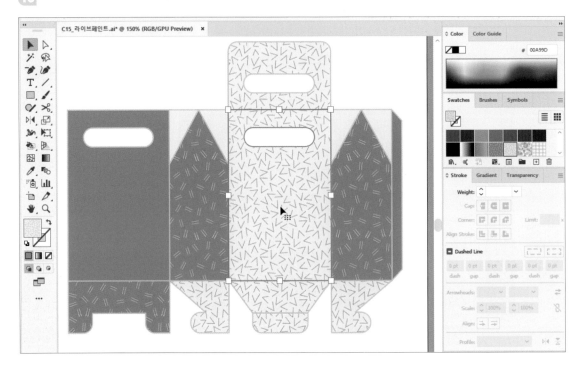

스포이트 사용하기

Live Paint 모드에서 ▣라이브 페인트 통 도구K로 채색할 때 Alt키를 누르면 잠시 스포이트 커서로 바뀝니다. 추출하고자 하는 색 부분을 클릭하면 동일한 색상을 불러옵니다. Alt키를 떼면 다시 ▣라이브 페인트 통 도구K가 됩니다.

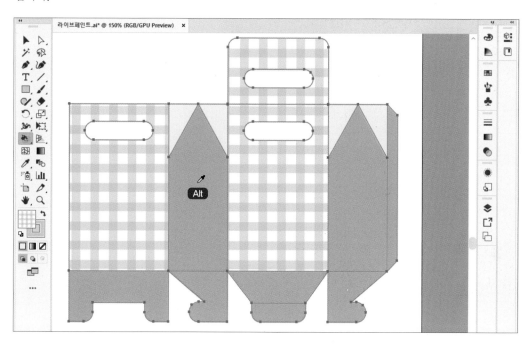

칠 지정하지 않기

칠(Fill) 적용을 취소하거나 색을 칠하지 않을 경우 색상 피커를 색 없음(None)에 두고 클릭합니다.

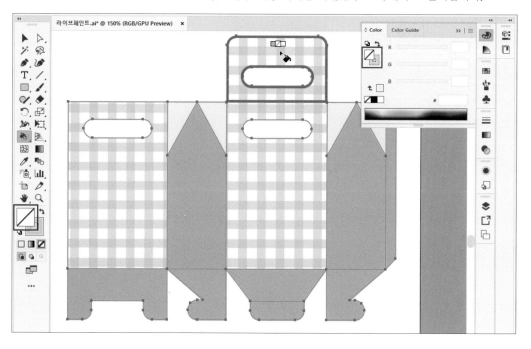

실전 예제로 배우는
일러스트레이터

이미지 추적

01_ 이미지 추적 Image Trace

CHAPTER 01 이미지 추적

| Image Trace |

래스터 이미지 (JPEG, PNG, PSD 등)를 벡터 오브젝트로 변환 할 수 있습니다 . 픽셀의 색상을 추적하여 다양한 스타일로 벡터화 합니다.

📁 [Part16]-[연꽃.jpg]

1 사진을 선택하면 옵션바가 이미지를 컨트롤 할 수 있는 상태로 변경됩니다. 버튼은 [Default]로 기본 [Black and White Logo] 스타일이 적용됩니다.

▲ 원본

▲ [mage Trace] 버튼을 눌렀을 때

2 [Window] 메뉴에서 이미지 추적(Image Trace) 패널을 선택합니다. (이전 버전 사용자는 [Live Trace]를 클릭합니다.)
　　 – High Fidelity Photo : 고화질 사진 이미지로 추적합니다.

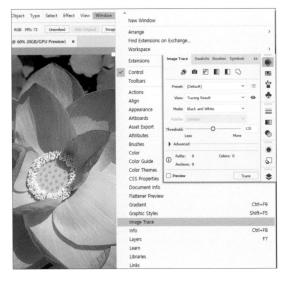

실전 예제로 배우는 일러스트레이터

– Low Fidelity Photo : 저화질 사진 이미지로 추적합니다.

– 3 Colors : 색상을 3단계로 나눠 추적합니다.
패널의 [Colors] 항목에서 색 단계를 조정할 수 있습니다.

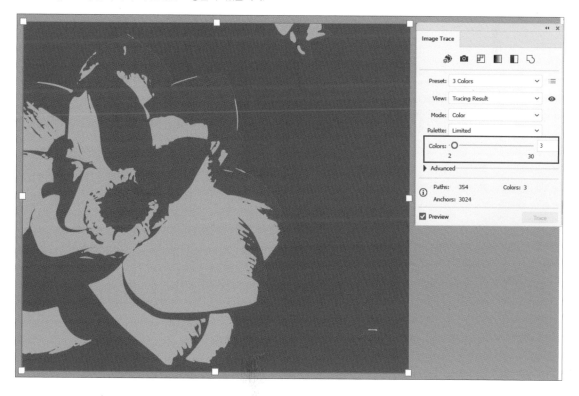

- **6 Colors** : 색상을 6단계로 나눠 추적합니다.

- **16 Colors** : 컬러를 16단계로 나눠 추적합니다.

- **Shades of Gray** : 명암(흑백)으로 구분하여 추적합니다. 패널의 [Grays] 항목으로 음영 단계를 조정할 수 있습니다.

─ Black and White Logo : 흑백 로고 스타일로 추적합니다.
　패널의 [Threshold] 항목으로 명도차의 한계치를 조정할 수 있습니다.

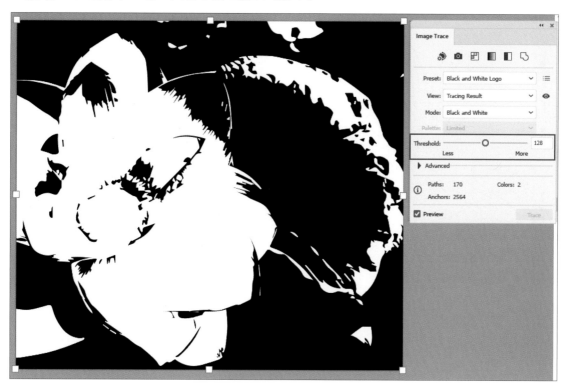

─ Sketched Art : 스케치 느낌으로 추적합니다. 중간 이상
　의 밝은 명도 색상 부분이 투명한 영역으로 추적됩니다.

─ Silhouettes : 그림자 형태로 추적합니다.
　• 투명한 영역은 단축키 [Ctrl]+[Shift]+[D]를 눌러 확인합니다.

■ [Part16]–[해바라기.jpg]

– Line Art : 선으로 단순하게 추적합니다. 흰색 종이에 검은색 펜으로 그린 드로잉과 같이 흑백차가 선명한 이미지일수록 정확하게 추적됩니다.

▲ 원본

▲ [Expand] 후 획 두께 0.5pt 적용

– Technical Drawing : 선으로 디테일하게 추적합니다.

▲ 원본

▲ [Expand] 후 획 두께 0.5pt 적용

Expand

[Preset]을 적용하면 추적 결과가 미리보기로 나타나고 패스화가 되지 않은 상태이므로 [Expand] 하여 패스로 변환합니다.

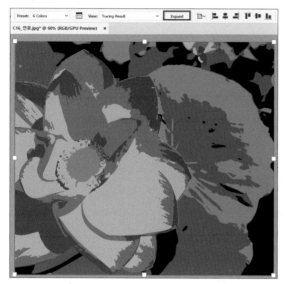

▲ [Expand] 전: 이미지

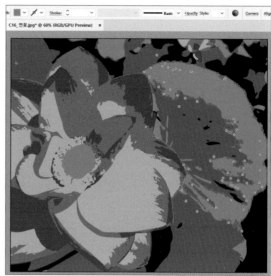

▲ [Expand] 후: Path

추적 해제

[Expand]하기 전, 추적을 해제하려면 [Object]-[Image Trace]-[Release]합니다.

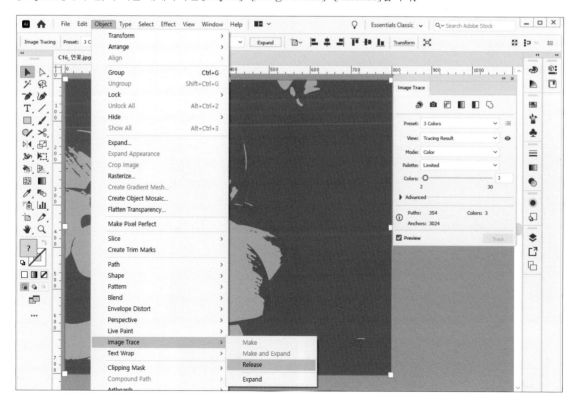

상업용 무료 이미지 다운로드

이미지는 저작권이 있으므로 필요에 따라 구매하거나 무료 이미지라 하더라도 반드시 사용 범위를 확인하고 사용해야합니다. 아래의 웹사이트에서 상업용으로 사용 가능한 이미지들을 무료로 다운받을 수 있습니다.

픽사베이

http://pixabay.com

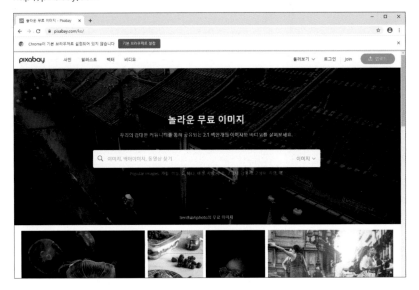

언스플래쉬

https://unsplash.com

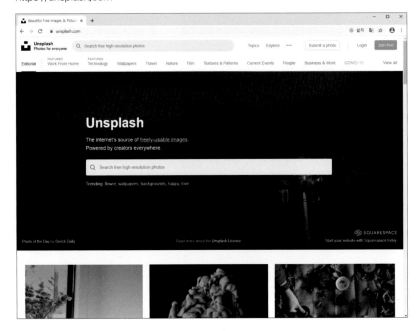

🖥 자율 예제 | 📁 [Part16]-[벽.jpg]

－ 사진을 추적하고 확장하여 일러스트로 변경해봅니다.

실전 예제로 배우는
일러스트레이터

혼합 모드

CHAPTER

01

혼합 모드

| Blending Mode |

블렌딩 모드는 합성을 하기 위해 사용되는 기능으로 혼합 모드 또는 합성 모드라고 합니다. 상위의 벡터 오브젝트, 비트맵 이미지 등에 블렌딩 모드를 적용하고 하위 오브젝트의 색상 값을 가지고 더하거나, 빼고, 곱하거나 나누어 혼합합니다. 혼합된 결과인 결과 색상은 작업화면에서만 보여지고 실제 오브젝트 색상은 변경 없이 원본 그대로 보존되어 있는 비파괴적 방법입니다.

오브젝트를 선택하고 투명도(Transparency) 패널(단축키 Ctrl + Shift + F10)에서 블렌딩 모드의 항목을 클릭하여 적용합니다.

📁 [Part17]-[크리스마스카드.ai]

1 눈꽃 결정체 비트맵 이미지를 모두 선택하고 블렌딩 모드 [Multiply]를 적용합니다. 흰색 배경은 투명하게 처리되어 화면에 나타나지 않고 눈꽃 색상은 어둡고 반투명하게 표현됩니다.

 ▶

2 작업화면 상단의 전구 그룹을 선택하고 블렌딩 모드 [Color Dodge]를 적용합니다. 그레이디언트의 검은색 부분이 투명하게 처리되어 화면에 나타나지 않고 밝은 부분은 더 밝게 표현됩니다.

 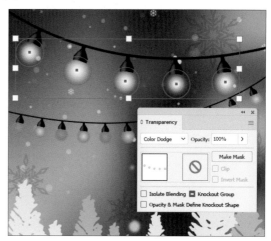

3 작업화면 중앙의 작은 전구 그룹을 선택하고 블렌딩 모드 [Overlay]를 적용합니다. 광택이 있는 느낌으로 밝아지며 전체적으로 채도가 높아지고 대비를 강하게 표현합니다.

4 작업화면 왼쪽 하단의 나무 그룹을 선택하고 블렌딩 모드 [Screen]을 적용합니다. 밝은 부분이 병합되어 밝기가 더 밝아집니다.

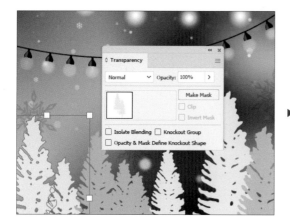 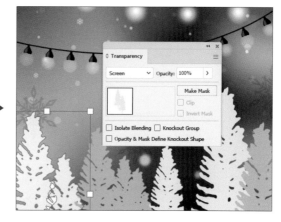

5 그 옆의 나무 그룹을 선택하고 블렌딩 모드 [Soft Light]을 적용합니다. 부드러운 조명을 적용한 듯 표현됩니다.

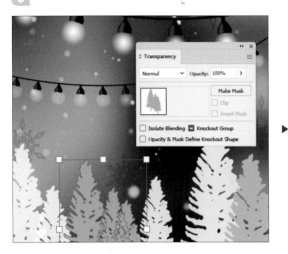 ▶

6 그 옆의 나무 그룹을 선택하고 블렌딩 모드 [Overlay]를 적용합니다. 광택이 있는 느낌으로 밝아지며 전체적으로 채도가 높아지고 대비를 강하게 표현합니다.

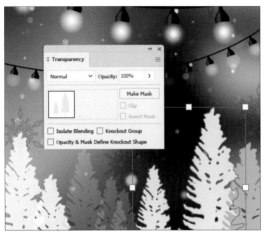 ▶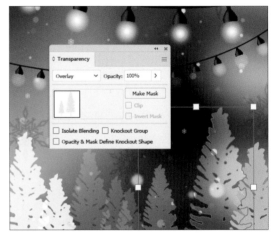

7 그 옆의 나무 그룹을 선택하고 블렌딩 모드 [Color Burn]을 적용합니다. 대비를 증가시켜서 상위 오브젝트의 색상이 어둡게 표현됩니다.

 ▶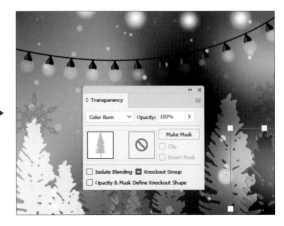

8 깔끔한 가장자리 처리를 위해 오브젝트를 나타
내고자 하는 영역만큼 사각형을 그립니다.

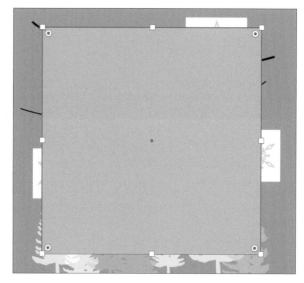

9 단축키 Ctrl + Shift + A 를 눌러 모든 오브젝트를 선
택하고 마우스 우클릭 메뉴에서 [Make Clipping
Mask]합니다.

10 모든 오브젝트가 가장 상위에 그린 사각형만큼
보이는 상태로 클리핑되었습니다.

Normal
표준은 블렌딩 모드를 적용하지 않은 원본의 상태입니다.

어두운 합성

어두운 색상을 더 어둡게 표현하는 모드입니다. 어두운 혼합 모드에서 흰색은 가려져 불투명도 0%처럼 작업화면에 나타나지 않고 검은색은 불투명도 100%처럼 변화 없이 드러나게 됩니다. 밝은색 영역은 많이 가려지고 어두운색 영역들이 드러나는 모드입니다.

Darken
어둡게 하기는 각 오브젝트의 색상 정보를 비교하여 더 어두운 색상을 결과로 선택합니다. 상위 오브젝트에서 하위 오브젝트보다 어두운 부분은 변화가 없고 밝은 부분이 어둡게 혼합되어 원본보다 톤이 더 어두워집니다.

Multiply
곱하기는 혼합하는 과정에서 오브젝트의 색상을 서로 곱해 어두워지는 효과를 나타냅니다. 어둡게 혼합되어 [Darken]과 비슷하지만 결과 색상은 채도가 훨씬 떨어집니다. 흰색 영역을 투명하게 처리하기 위해 가장 많이 사용되는 모드입니다.

Color Burn
색상 번은 오브젝트들의 대비를 증가시켜서 상위 오브젝트의 색상을 어둡게 하여 혼합합니다.

밝은 합성

밝은 색상을 더 밝게 하는 모드입니다. 밝은 혼합 모드에서 검은색은 가려져 불투명도 0%처럼 작업화면에 나타나지 않고 흰색은 불투명도 100%처럼 변화 없이 드러나게 됩니다. 하위 오브젝트의 색상보다 어두운 영역은 많이 가려지고 밝은색 영역들이 드러나는 모드로 어두운 모드의 반대 효과가 나타납니다.

Lighten
밝게 하기는 각 오브젝트의 색상 정보를 비교하여 더 밝은 색상을 결과로 선택합니다. 상위 오브젝트에서 하위 오브젝트보다 밝은 부분은 변화가 없고 어두운 부분이 밝게 혼합되어 원본보다 톤이 더 밝아집니다.

Screen
스크린은 밝은 부분이 병합되어 밝기가 두 배로 밝아집니다. 검은색 영역을 투명하게 처리하기 위해 가장 많이 사용되는 모드입니다.

Color Dodge
색상 닷지는 혼합되는 과정에서 상위 오브젝트의 색상이 밝아지며 마치 색을 반사시키는 것과 같은 효과가 나타납니다. 하위 오브젝트의 검은색 영역에서는 변화가 없고 하위 오브젝트의 명도가 높은 부분일수록 상위 오브젝트의 밝은 명도 영역도 더 밝아집니다.

겹치는 합성

어두운 혼합과 밝은 혼합 모드의 중간으로 상위 오브젝트의 색상과 하위 오브젝트의 색상이 적절히 혼합됩니다. 중간 명도 50%의 회색이 가려지며 불투명도 0%처럼 작업화면에 나타나지 않습니다.

Overlay
오버레이는 [Multiply]와 [Screen]의 중간 모드로 밝은 부분은 더욱 밝아지고 어두운 부분은 더욱 어두워집니다. 곱해지거나 스크린이 되는 부분이 색상마다 다릅니다. 전체적으로 채도가 높아지고 대비를 강하게 표현합니다.

Soft Light
소프트 라이트는 [Overlay]와 비슷한 기능으로 조금 더 부드러운 조명을 비추는 것과 유사합니다. 색상이 50% 중간 명도보다 밝으면 약간 더 밝아지고 어두우면 약간 더 어두워집니다.

Hard Light
하드 라이트는 강한 집중 조명을 비추는 것과 유사합니다. 색상이 50% 중간 명도보다 밝으면 [Screen]한 것처럼 강하게 밝아지고 어두우면 [Multiply]한 것처럼 강하게 어두워집니다.

다양한 합성

Difference
차이는 명도값이 더 큰 색상에서 다른 색상을 뺍니다. 상위 오브젝트의 색이 반전됩니다. 하위 오브젝트의 검정 색과 혼합되는 부분은 변화가 없습니다.

Exclusion
제외는 [Difference]와 비슷하지만 대비가 더 낮은 효과를 냅니다. 중간 영역 범위에서 대비가 약해져 조금 더 부드러운 느낌으로 표현됩니다.

Saturation
채도는 상위 오브젝트의 명도와 색조, 그리고 하위 오브젝트의 채도를 혼합하여 결과 색상이 나타납니다.

Color
색상은 상위 오브젝트의 명도, 그리고 하위 오브젝트의 색조와 채도를 혼합하여 결과 색상이 나타납니다.

Luminosity
광도는 상위 오브젝트의 색조와 채도, 그리고 하위 오브젝트의 명도를 혼합하여 결과 색상이 나타납니다.

아트웍 색상 변경

| Recolor Artwork |

여러 오브젝트의 색상을 쉽게 변경하고 배색을 다양하게 적용하는 기능으로, 오브젝트를 일일이 선택하지 않아도 같은 색상이 적용된 부분을 일괄적으로 수정할 수 있어 색상 수정과 다양한 배색 편집이 용이합니다.

색상을 변경할 오브젝트를 선택하고 옵션바의 Recolor Artwork 버튼을 클릭하거나 [Edit]-[Edit Colors]-[Recolor Artwork] 메뉴를 클릭합니다.

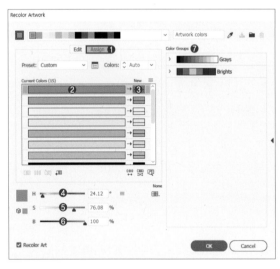

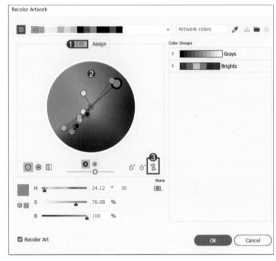

❶ [Assign] 모드

❷ Current Color : 현재 색상

❸ New : 더블클릭하거나 하단의 H, S, B 슬라이더를 조절하여 색상 변경

❹ Hue : 색상

❺ Saturation : 채도

❻ Brightness : 명도

❼ Color Groups : 견본 패널의 색상 그룹을 사용하여 색 변경

❶ [Edit] 모드

❷ Color wheel : 색상환에서 색상 점을 드래그하여 변경

❸ Link harmony colors : 클릭하면 색상 점들의 거리가 그대로 유지되며 다같이 변경

🖱 Line art 광고 배너 실습

1 600*400px / 72ppi / RGB 모드의 새 문서를 생성하고 ▣사각형 도구M로 사각형을 그린 다음 그레이디언트로 배경색을 채웁니다. 색상은 자유롭게 지정합니다.

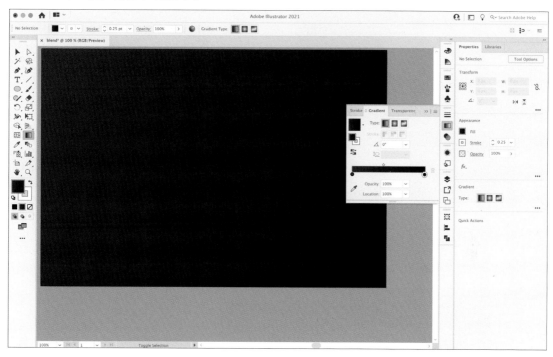

2 ◯원형 도구L로 다음과 같이 원을 두 개 그린 다음, 획(Stroke) 색상에 그레이디언트를 적용합니다. 앞서 칠한 배경색과 잘 어울리는 색상으로 지정하고 획 패널에서 획 두께(Weight)는 0.25pt, [Dashed Line] 항목에 체크하고 첫 번째 dash는 0.5pt, gap은 1pt로 지정합니다.

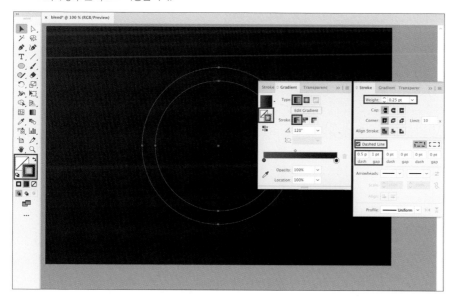

3 다음 단계에서 여러 번 사용해야 하므로 대지 빈 공간에 두 개의 원을 따로 한번 더 복사해둡니다.

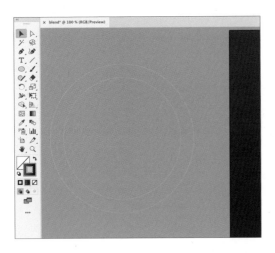

4 먼저 그렸던 두 개의 원을 선택하고 블렌드 도구[W]를 클릭한 다음 [Enter]키를 눌러 옵션 대화상자를 열고 [Spacing] 항목에서 [Specified Steps(지정된 단계)]를 70으로 입력 합니다. [OK]한 뒤 단축키 [Alt]+[Ctrl]+[B]를 눌러 블렌드를 적용합니다.

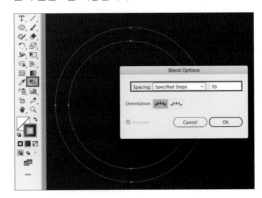

5 직접 선택 도구[A]로 원을 구성하고 있는 고정점을 하나씩 선택하고 드래그하여 형태를 자유롭게 변형합니다. 모양이 바뀌어도 변경된 고정점을 따라 블렌드 단계는 계속 유지됩니다.

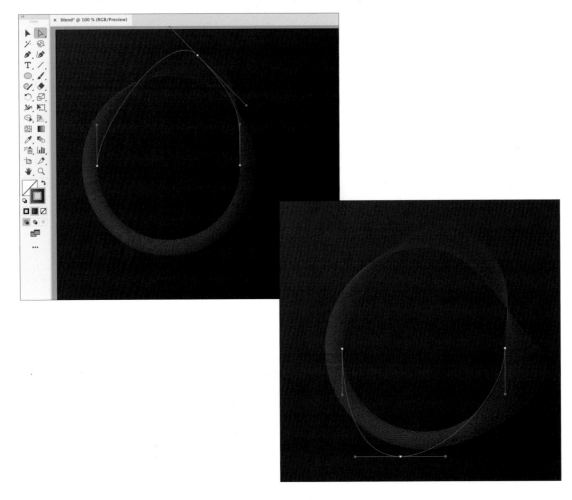

실전 예제로 배우는 일러스트레이터

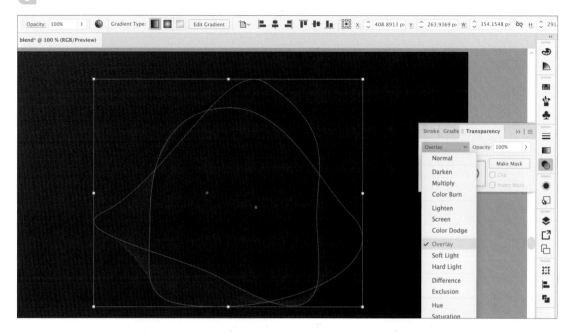

6 Transparency(투명도) 패널에서 블렌딩 모드를 [Overlay]로 변경합니다.

7 따로 복사해두었던 두 개의 원을 선택하고 한 번 더 복사하여 작업 화면 위로 가져온 뒤 **5**번 작업과 같이 ▷직접 선택 도구[A]로 원을 구성하고 있는 고정점을 하나씩 선택하고 드래그하여 형태를 자유롭게 변형합니다. 그 후 블렌딩 모드를 [Overlay]로 변경합니다. Overlay가 아닌 다른 합성 모드로 적용하여도 좋습니다.

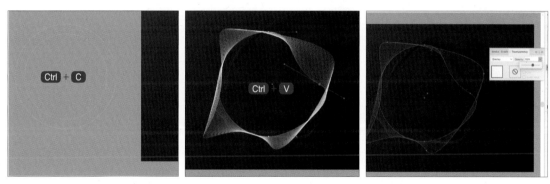

8 마지막으로 따로 복사해두었던 두 개의 원을 그대로 작업 화면으로 가져온 뒤 작업을 반복합니다. 그레이디언트의 색상과 블렌딩 모드를 변경하여 다양한 색상의 조화를 표현해 봅니다.

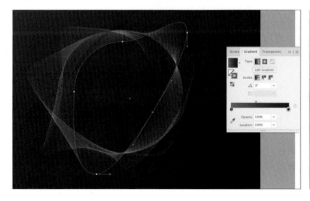
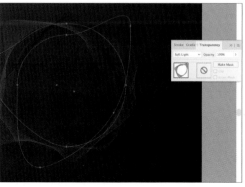

9 반짝거리는 주변 개체를 만들기 위해 ⬭원형 도구🅛로 작은 원을 그립니다. 그레이디언트를 적용하고 Radial 타입으로 안쪽은 밝은 색상, 바깥쪽은 검정색을 적용한 뒤 그레이디언트 슬라이드의 Location을 조절하여 검정의 영역을 더 넓게 변경합니다. 안쪽 색상이 다른 원을 2~3개 정도 생성합니다.

10 Transparency(투명도) 패널에서 블렌딩 모드를 [Color Dodge]로 변경합니다.

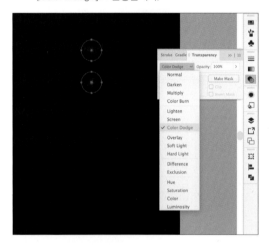

11 하나씩 선택하여 심볼(Symbol) 패널에서 그래픽 심볼로 등록합니다.

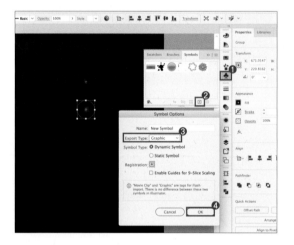

12 ⬚심볼 분무기 도구(Shift+S)를 선택하고 화면을 클릭하여 심볼을 뿌립니다.

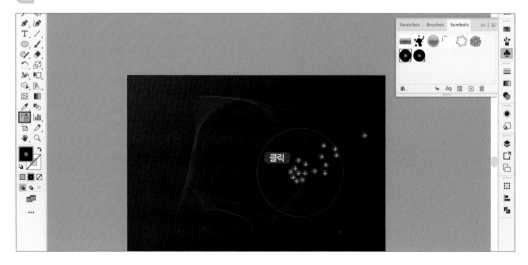

13 다른 색상의 심볼도 뿌린 뒤 심볼 조절 도구들로 적절한 사이즈와 사이 간격을 조절합니다.

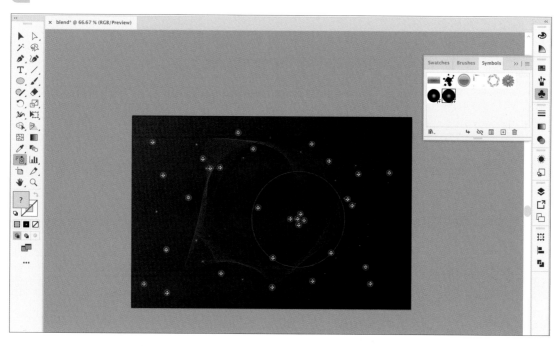

14 문자 도구로 주제에 맞는 내용들을 배치하고 완성합니다.

MAKE **YOUR MIND** PEACEFUL

YOGA
for
Everyone

SUNDAY
10 : 00 AM

실전 예제로 배우는 인디자인 트레이닝

– 이미지 추적을 활용하여 사진을 벡터 방식의 패스로 변환하고 색상을 적용한 뒤 다양한 블렌딩 모드로 겹쳐진 이미지가 다채롭게 표
  현된 포스터를 완성합니다.

실전 예제로 배우는
일러스트레이터

Envelope Distort

01_ 둘러싸기 왜곡 Envelope Distort

CHAPTER

01

둘러싸기 왜곡

| Envelope Distort |

선택된 오브젝트를 2차적으로 다른 모양으로 왜곡하거나 형태를 변경하는 기능입니다. 기본으로 정해져 있는 왜곡 모양을 선택하거나, 오브젝트에 망을 적용하고 드래그하면 다른 드로잉 도구로는 그리기 어려운 다양한 형태로 변형할 수 있습니다. 또한 사용자가 지정한 형태로 오브젝트를 빠르게 왜곡, 변형하여 작업 시간을 단축하고 언제든지 다시 원래대로 해제하거나 편집, 삭제, 또는 확장할 수 있습니다.

Make with Warp 📁 [Part18]-[Label.ai]

1 왜곡할 오브젝트를 선택하고 [Object]-[Envelope Distort]-[Make With Warp] 메뉴를 클릭합니다. 스타일 지정 후 [OK]합니다.

❶ **Style** : Envelope 모양 ❷ **Horizontal** —수평 기준으로 왜곡 / **Vertical** —수직 기준으로 왜곡

❸ **Bend** : 휘어지는 정도 ❹ **Distortion** : Horizontal—수평 왜곡 비율 조정(좌,우) / Vertical—수직 왜곡 비율 조정(상,하)

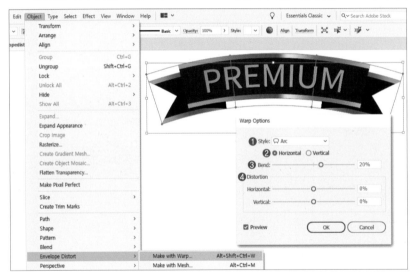

2 Envelope Distort를 적용한 오브젝트를 선택하면 옵션바가 [Envelope] 모드로 바뀝니다. 각 항목들을 옵션바에서 편집할 수 있습니다.

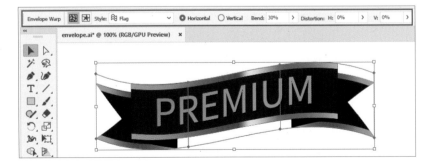

실전 예제로 배우는 일러스트레이터

3 편집 모드가 [Edit Envelope]인 경우 ▷ 직접 선택 도구 A 로 인벨로프의 고정점과 선분을 선택하여 형태를 수정 할 수 있습니다. 하지만 둘러싸기가 된 안의 내용은 편집할 수 없습니다.

4 둘러싸기 된 안의 내용 오브젝트를 편집하려면 옵션바에서 [Edit Contents] 버튼을 클릭합니다.

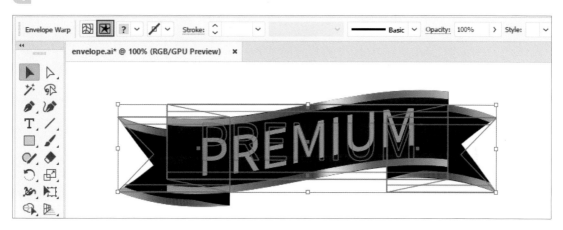

5 편집 후 다시 [Edit Envelope] 버튼을 눌러 둘러싸기 편집 모드로 변경합니다.

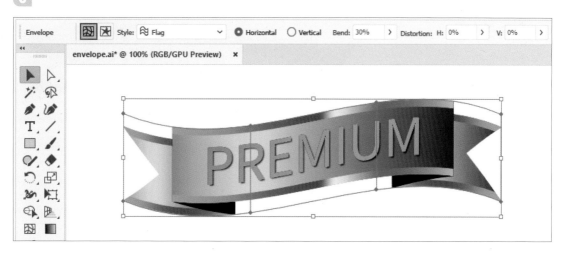

해제

둘러싸기 왜곡을 해제하려면 [Object]-[Envelope Distort]-[Release] 메뉴를 클릭합니다. 원래의 내용 오브젝트와 Envelope 오브젝트가 분리됩니다.

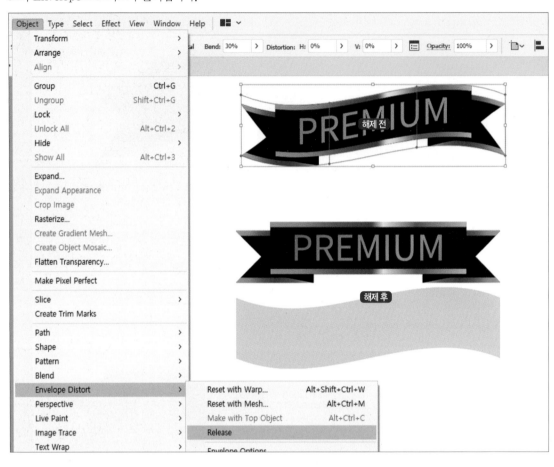

Expand

둘러싸기 왜곡이 된 모양대로 오브젝트를 확장하려면 [Expand] 합니다. 패스가 둘러싸기 모양대로 확장됩니다.

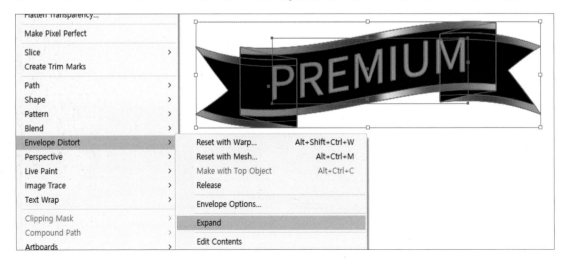

Make with Mesh

1 왜곡할 오브젝트를 선택하고 [Object]–[Envelope Distort]–[Make With Mesh] 메뉴를 클릭하고 [Rows]:4 , [Columns]:8을 입력합니다. 오브젝트에 입력한 수치의 망을 만들고 망의 점과 선분들을 조절하여 형태를 변형합니다.

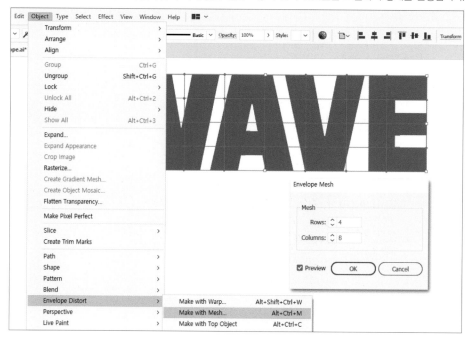

2 직접 선택 도구A로 드래그하여 일부분만 선택한 뒤 키보드 방향키 ←, →를 눌러 망 형태를 변형합니다.

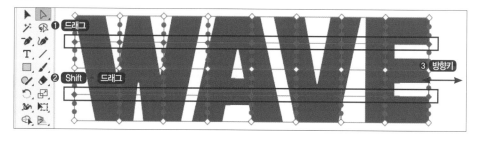

3 망을 따라 형태가 변형되었습니다. 옵션바에서 행(Rows)과 열(Columns)의 개수를 수정할 수 있습니다.

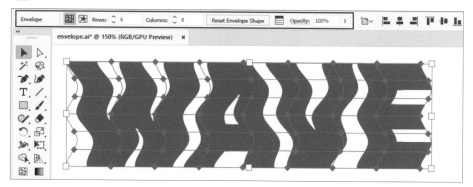

Make with Top Object

1 사용자가 지정하는 오브젝트로 둘러싸기 왜곡을 할 수 있습니다. 선택한 오브젝트들 중 가장 상위에 있는 오브젝트의 형태로 나머지 오브젝트가 둘러싸기 됩니다. **2**번 오브젝트를 **1**번 오브젝트로 둘러싸기 하기 위해 **1**번 오브젝트의 배열 위치를 맨 앞으로 가져옵니다.

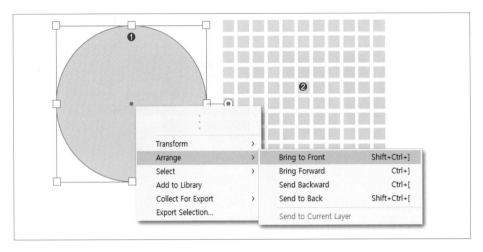

2 **1**번과 **2**번 오브젝트를 모두 선택하고 [Object]–[Envelope Distort]–[Make Top Object] 메뉴를 클릭합니다. **2**번 오브젝트가 **1**번의 형태로 둘러싸기 되었습니다.

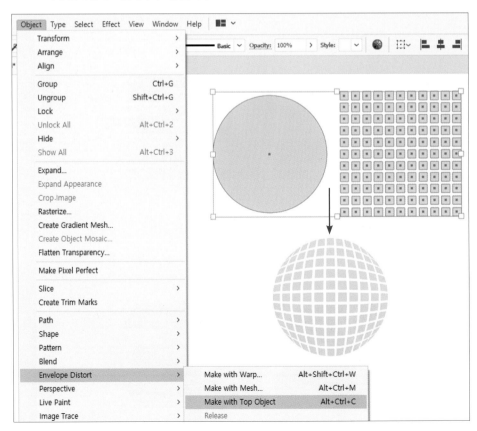

둘러싸기 왜곡을 활용한 타이포그래피

1 정원을 그린 다음 원의 지름과 너비가 같은 정사각형을 그리고, 원의 중앙에 정사각형의 상단을 정확하게 배치합니다.

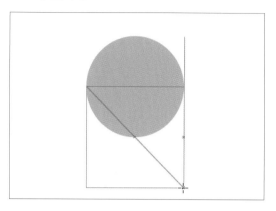

2 두 오브젝트를 모두 선택하고 45° 회전합니다.

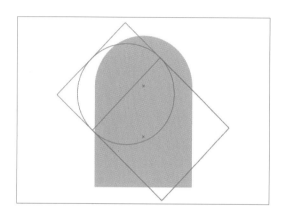

3 원 오브젝트만 선택하고 ▶◀반전 도구[O]로 정사각형의 중앙을 [Alt]키 누르고 클릭합니다.

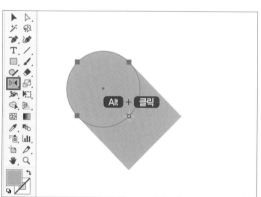

4 [Vertical] 항목에 체크하고 [Copy]하여 하나 더 복제합니다.

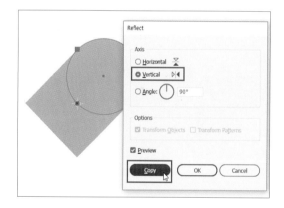

5 오브젝트를 모두 선택하고 패스파인더 패널([Ctrl]+[Shift]+[F9])에서 [Unite]하여 모두 합칩니다.

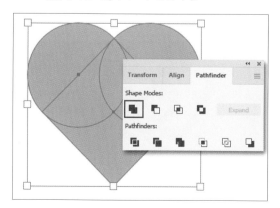

6 ⬚칼 도구를 선택하고 자유롭게 드래그하여 하트 모양 오브젝트를 3등분 합니다.

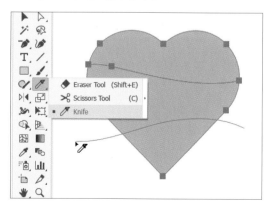

7 둘러싸기 오브젝트로 활용하기 위해 모두 선택한 뒤 배열 위치를 맨 위로 가져옵니다.

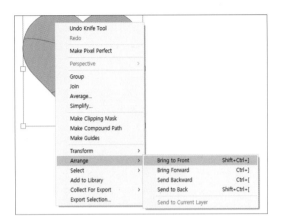

8 맨 위의 조각 하나와 HEART 문자 오브젝트를 선택하고 단축키 Alt + Ctrl + C 를 눌러 [Make Top Object]를 실행합니다.

9 두 번째와 세 번째 오브젝트도 동일하게 [Make Top Object]를 실행합니다.

10 모두 [Make Top Object] 한 뒤, 확장하여 세밀하게 조정하기 위해 [Object]-[Envelope Distort]-[Expand] 합니다.

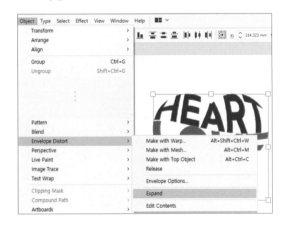

11 직접 선택 도구 A 로 세밀하게 형태를 조절하고 완성합니다.

－ 완성작을 참고하여 손으로 드로잉한 느낌의 타이포그래피를 완성합니다. 펜 도구, 연필 도구, 브러시 등록, 페인트브러시 도구, 문자
  도구, 왜곡 효과, 둘러싸기 왜곡 등을 활용하였습니다.

Gradient Mesh

01_ 그레이디언트 메쉬 Gradient Mesh

CHAPTER

01

그레이디언트 메쉬

| Gradient Mesh |

오브젝트에 망을 만들고 각 망 점간에 매끄럽게 변화되는 여러 색상을 적용할 수 있습니다.
사용자가 자유롭게 망 점과 선을 편집하여 세밀한 색상 표현이 가능합니다.

망 도구(Mesh Tool) 단축키 U

1 사과를 만들기 위해 원을 그리고 ⊞망 도구U로 빛을 받는 부분을 클릭합니다. 오브젝트를 망 도구로 클릭하면 망 선이 십자로 가로질러 생깁니다. 두 개의 망 선이 교차하는 위치에는 망 점이 있고, 망 점과 선을 이동하고 편집하여 색상 그레이디언트의 강도나 범위를 변경할 수 있습니다. 색상 피커나 색상 패널에서 사과가 빛을 받았을 때의 색상을 지정합니다.

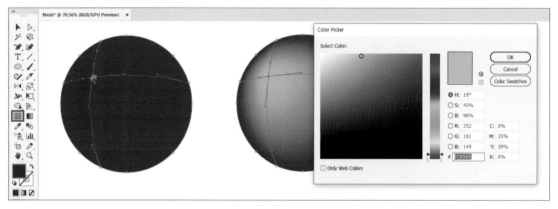

2 망 도구로 빛을 받지 못하는 반대편을 클릭하여 망 점을 추가하고 색상을 지정합니다. 망 선. 또는 망 점을 삭제하려면 Alt 키를 누르고 클릭합니다.

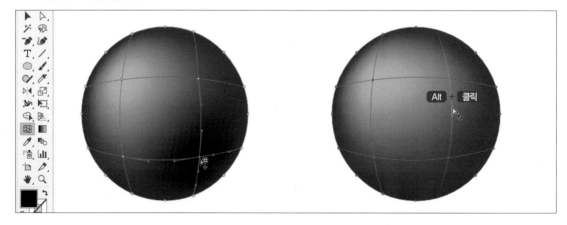

- 망 점은 다른 고정점처럼 ▷직접 선택 도구A로 선택하여 편집 및 이동이 가능합니다. 망 점에 있는 방향선 끝을 드래그하여 그레이디언트 형태를 수정하고 색상 강도나 범위를 변경할 수 있습니다.
- ⊞망 도구U도구로 망 점을 선택하고 Shift키를 누른 채 드래그하면 망 선을 따라서 망 점이 이동합니다.

3 주변에 있는 망 점에 자연스러운 색상을 적용하기 위해 ▷직접 선택 도구Ａ로 망 점을 선택하고 단축키 Ⅰ를 눌러 ✐스포이트 도구Ⅰ를 선택합니다. 동일한 색상을 추출하려는 부분을 클릭하면 망 점의 색상이 변경됩니다.

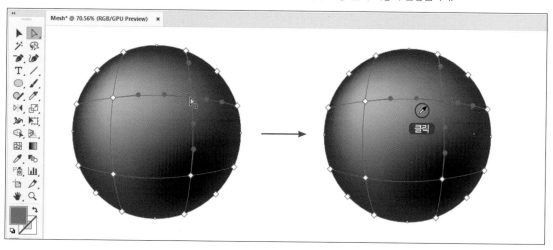

4 단축키 Ｑ를 눌러 올가미 도구(Lasso Tool)로 드래그하여 영역을 설정하면 해당 영역 안에 있는 모든 고정점이 한번에 선택됩니다. 망 점 선택 후 빛을 조금 받는 중간 부분의 색을 지정합니다.

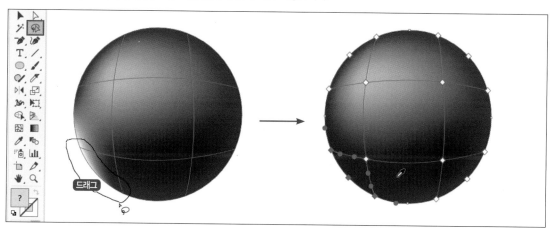

5 사과의 꼭지 부분을 표현하기 위해 상단 중앙을 클릭하여 망 점을 하나 더 추가하고 색상을 지정합니다. 움푹 파인 모양으로 변경하기 위해 아래 방향으로 드래그하여 내립니다. 그레이디언트 형태가 변형됩니다.

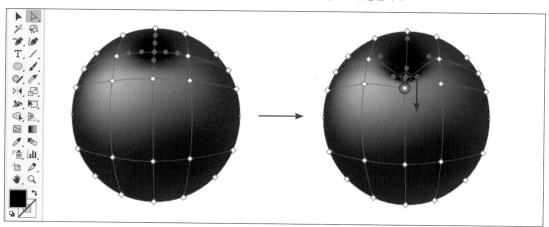

6 위쪽에 망 점을 하나 더 추가하고 ✐스포이트 도구 II로 밝은 부분을 클릭하여 색상을 적용합니다.

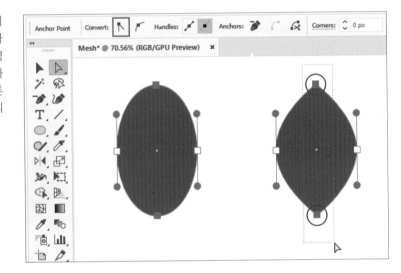

7 잎을 만들기 위해 타원을 그리고 색을 지정합니다. 위쪽과 아래쪽을 뾰족한 모양으로 변경하기 위해 두 고정점만 선택하고 옵션바의 고정점 변환 버튼 ↖을 눌러 방향선을 삭제합니다.

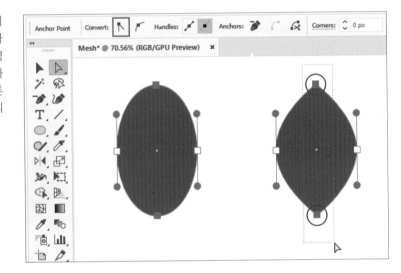

8 잎 오브젝트의 중앙을 망 도구로 클릭하여 망을 추가하고 색을 지정합니다.

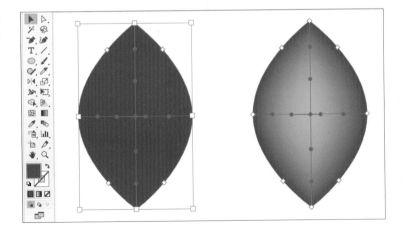

9 화면을 확대하여 중앙에 있는 수직의 망 선 옆을 아주 가까이에 클릭하여 망 점을 추가하고 색을 지정합니다. 망 점과 망 점이 가까울수록 그레이디언트 범위가 좁아 선명한 색 차이가 나는 면이 표현됩니다.

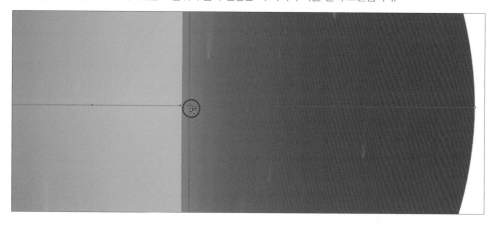

10 크기를 조절하여 사과 위에 배치하고 완성합니다.

• 망 오브젝트는 일반 오브젝트처럼 지우거나 분할할 수 없고, 패스파인더를 적용할 수 없습니다.

• [Object]–[Create Gradient Mesh] 메뉴로 망의 행과 열 수치를 입력하여 한번에 여러 망점을 고르게 생성할 수 있습니다.

• [Envelope Distort]의 [Make With Mesh]와 망의 형태는 같지만, 서로 다른 기능이므로 구분하여 사용합니다.

실전 예제로 배우는
일러스트레이터

입체 효과

01_ 3D 입체 효과 3D Effect

CHAPTER

01

3D 입체 효과

| 3D Effect |

3D 효과를 사용하면 2차원(2D)의 아트웍을 3차원(3D)으로 만들 수 있습니다. 조명, 깊이 등의 속성을 조정하여 사실적인 입체 오브젝트를 표현합니다.

Extrude & Bevel : 돌출과 경사

오브젝트의 z축을 따라 돌출하여 오브젝트에 깊이를 추가합니다.

1 원을 그리고 [Effect]-[3D]-[Extrude & Bevel] 메뉴를 클릭합니다. 2021년 10월 릴리스(버전 26.0) 업데이트 이후 버전 사용자는 [Effect]-[3D and Materials]-[3D(Classic)]-[Extrude & Bevel (Classic)] 메뉴를 클릭합니다.

• 버전 26.0 이후의 3D and Materials 기능은 20p를 참고합니다.

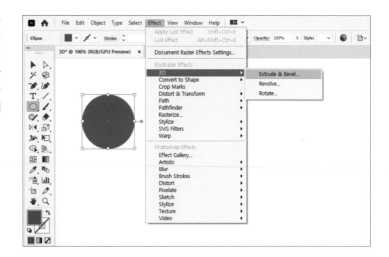

2 원이 z축을 따라 돌출되어 원기둥의 형태가 됩니다. ❶의 [Position] 항목을 클릭하여 정해진 형태를 지정하거나 ❷의 섬네일을 드래그하여 자유롭게 각도를 조절합니다. 또는 오른쪽 ❸의 x축, y축, z축 항목에서 정확한 수치를 입력합니다.

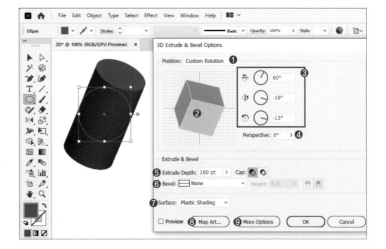

❹ Perspective : 원근감 적용
❺ Extrude Depth : 돌출면 깊이(길이)
❻ Bevel : 돌출된 표면의 경사 형태
❼ Surface : 표면 종류
❽ Map Art : 3D 오브젝트 표면 매핑 효과
❾ More Options : 광원 편집

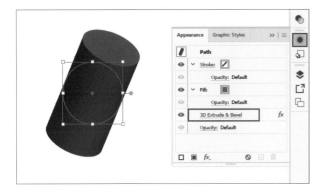

효과 편집과 삭제

효과는 적용 후 모양(Appearance) 패널([Shift]
+[F6])에서 확인합니다. 효과 수정 시 모양 패널
에서 적용된 효과 이름을 클릭하면 해당 효과
의 대화상자가 열립니다. 수정하고 [OK]합니
다. 가시성 버튼을 누르면 비활성화 되고 휴지
통 버튼을 누르면 제거됩니다.

효과 확장

효과는 오브젝트의 기본 형상을 변경하지 않는 비파괴적 기능
으로 본래의 패스는 변형되지 않습니다. 효과가 적용된 모양으
로 패스를 확장하려면 [Object]-[Expand Appearance] 메뉴
를 클릭합니다. 윤곽선 보기 ([Ctrl]+[Y]) 를 하면 정확한 패스 모
양을 확인할 수 있습니다.

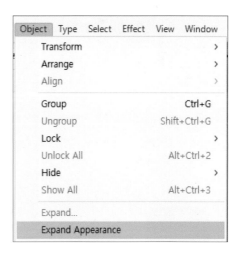

Revolve : 중심축 회전

오브젝트가 글로벌 y축을 중심으로 원을 이루며 왼쪽 방향, 또는 오른쪽 방향으로 회전하여 3D 오브젝트가 만들
어집니다. 회전 축이 세로로 고정되어 있으므로 세로로 반듯한 오브젝트를 그려야합니다.

1 원을 그리고 칠(Fill) 색상을 지정합니다. 반원을 만들기 위해 ✂가위 도구ⓒ로 위와 아래 고정점을 클릭하여 패스를 끊고 반은 삭제합니다.

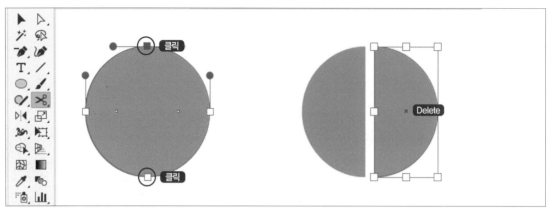

2 반원을 선택하고 [Effect]-[3D]-[Revolve] 메뉴를 클릭합니다.

3 [from]항목을 [Left Edge]로 하면 세로 중심축을 기준으로 왼쪽 방향으로 회전하고 [Right Edge]로 하면 오른쪽 방향으로 회전합니다.

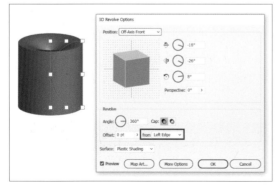

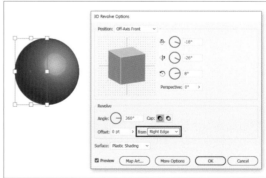

4 ❶의 Position 항목을 클릭하여 정해진 형태를 지정하거나 ❷의 섬네일을 드래그하여 자유롭게 각도를 조절합니다. 또는 오른쪽 ❸의 x축, y축, z축 항목에서 정확한 수치를 입력합니다.

❹ Perspective : 원근감 적용
❺ Angle : 회전 각도
❻ Offset : 중심축과의 거리
❼ from : 회전 방향
❽ Surface : 표면 종류
❾ Map Art : 3D 오브젝트 표면 매핑 효과
❿ More Options : 광원 편집

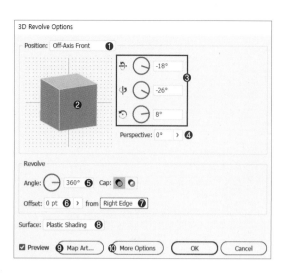

🖱 Map Art를 활용한 공 만들기

1 긴 사각형을 그린 다음 ▶선택 도구 V로 드래그하며 Alt+Shift키를 눌러 복사합니다. 줄무늬를 만들기 위해 단축키 Ctrl+D를 반복하여 눌러 여러 개를 만듭니다.

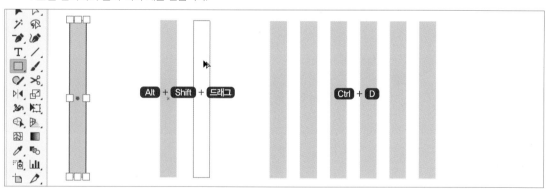

2 심볼 패널(단축키 Shift+Ctrl+F11)에서 새 심볼 버튼(⊞)을 눌러 심볼로 등록 합니다.

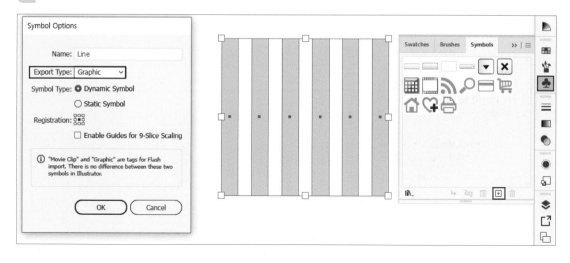

3 원을 그리고 칠(Fill) 색상을 적용하지 않고 획(Stroke) 색상을 적용한 뒤 가위 도구ⓒ로 위와 아래 고정점을 클릭하여 패스를 끊고 반은 삭제합니다. 구를 만들기 위해 [Effect]-[3D]-[Revolve] 메뉴를 클릭합니다.

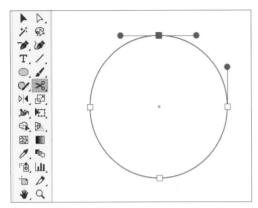
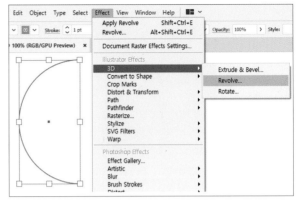

4 [from]항목을 [Right Edge]로 하고 대화상자 하단의 [Map Art] 버튼을 클릭합니다.

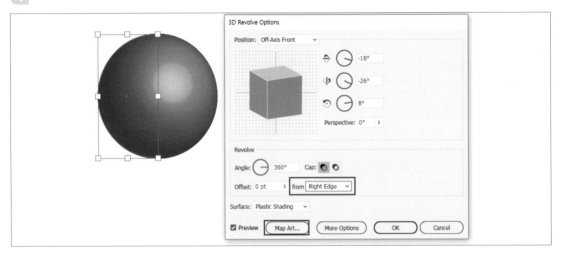

5 입체 효과가 된 모든 면은 각각의 [Surface]가 됩니다. ◀, ▶버튼을 눌러 줄무늬 심볼을 적용할 겉면을 찾습니다. 작업화면의 오브젝트에 해당 표면이 빨간색 미리보기 선으로 나타납니다. 그 다음 [Symbol] 항목에서 저장한 줄무늬 심볼을 클릭하고 패널 하단 [Scale to fit] 버튼을 눌러 표면에 심볼을 딱 맞춥니다.

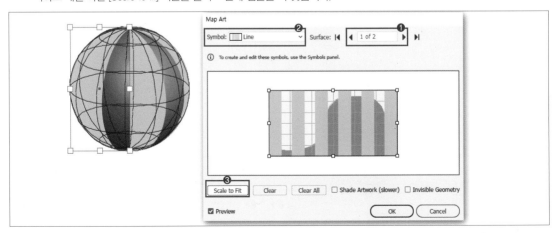

6 심볼이 구 형태로 매핑되며 왼쪽 가장자리와 오른쪽 가장자리가 만나게 되므로 떨어뜨리기 위해 심볼의 바운딩 박스를 조절하고 [OK]합니다.

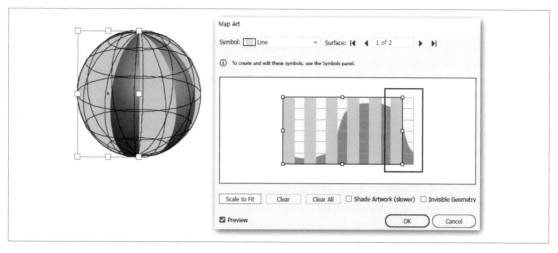

7 각도를 조절하고 [OK]하여 줄무늬 공을 완성합니다.

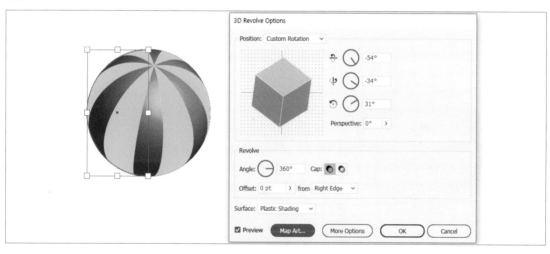

🍒 투명한 심볼 만들기

1 앞서 그렸던 줄무늬 공의 [Map Art]를 수정하여 속이 비어있는 투명한 심볼 로고를 만들기 위해 오브젝트를 선택하고 모양(Appearance) 패널(Shift + F6)에서 효과 이름을 클릭합니다.

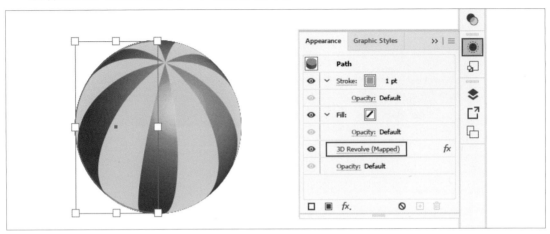

2 대화상자가 열리면 하단 [Map Art] 버튼을 클릭하여 [Map Art]를 열고 줄무늬 심볼의 바운딩 박스를 회전하고 너비와 높이를 조절하여 가로로 변경합니다.

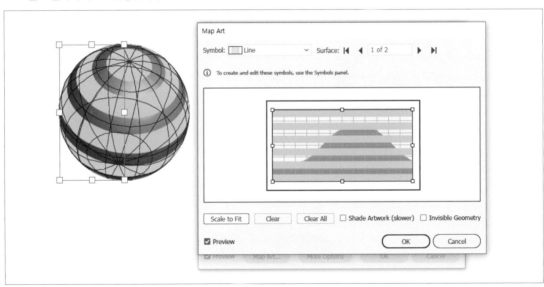

실전 예제로 배우는 일러스트레이터

3 대화상자 하단 [Invisible Geometry] 항목에 체크하면 원래의 오브젝트는 보이지 않고 심볼만 나타납니다.

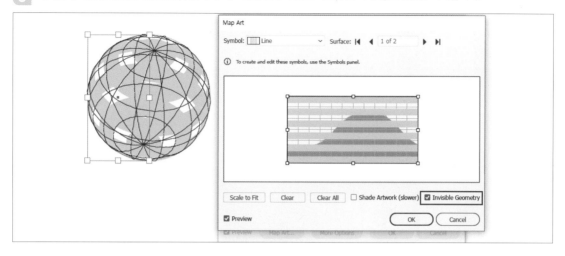

4 [Shade Artwork (slower)] 항목에 체크하면 심볼에 그림자를 적용합니다. [OK]를 누릅니다.

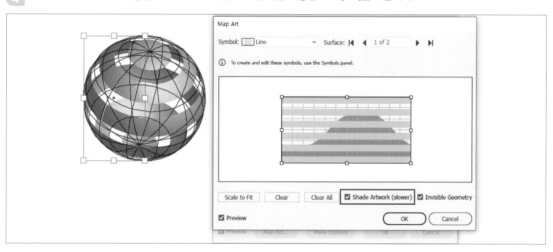

5 각도를 조절하고 [OK]하여 투명한 심볼 로고를 완성합니다.

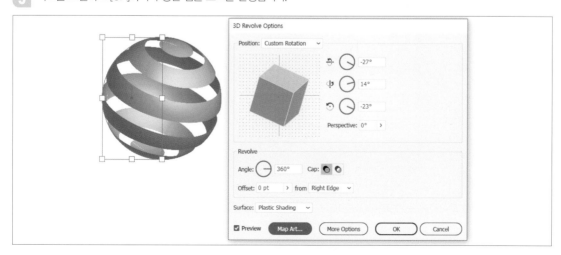

3D 타이포그래피 실습

1 800*800px / 72ppi / RGB 모드의 새 문서를 생성하고 사각형을 그린 다음 배경이 될 칠(Fill) 색상을 지정합니다. ⊤ 문자 도구(⊤)로 그 위에 글자를 입력합니다.

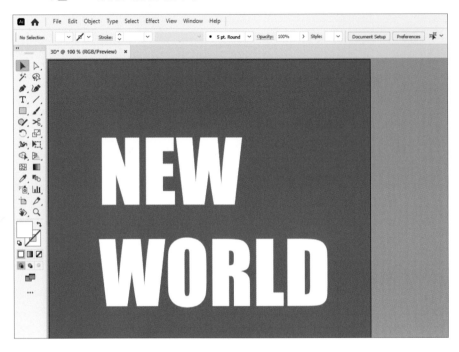

2 ✎ 스포이트 도구(🖊)를 사용 하여 글자 색상을 배경색과 같은 색으로 지정하고 [Effect]-[3D]-[Extrude & Bevel] 메뉴를 선택합니다.

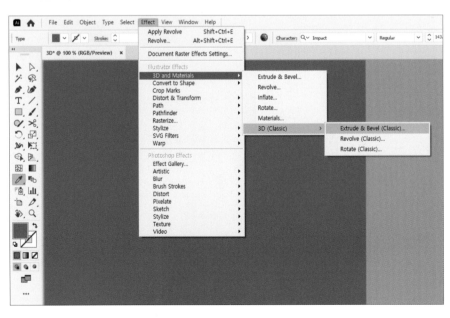

실전 예제로 배우는 일러스트레이터

3 [Position] 항목을 [Isometric Top]으로 지정하고 하단의 [More Options] 버튼을 눌러 Light를 조정합니다. [Preview]에 체크하면 적용된 값을 미리 볼 수 있습니다. [Blend Steps]를 최대값인 256으로 올려 변화 단계를 부드럽게 나타내고 보이지 않는 면의 표현을 위하여 [Draw Hidden Faces]항목에 체크하고 OK합니다.

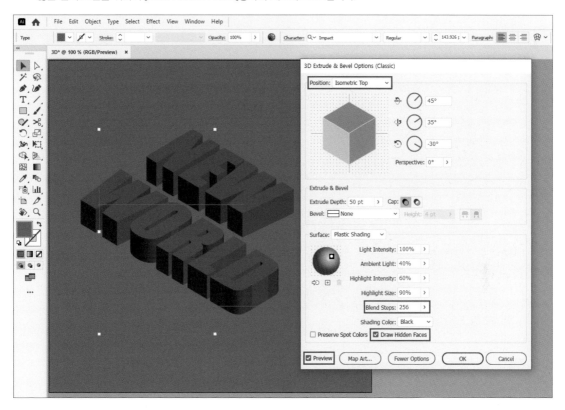

4 입체적인 3D 텍스트가 되었습니다. 효과의 확장을 위하여 [Object]–[Expand Appearance]합니다.

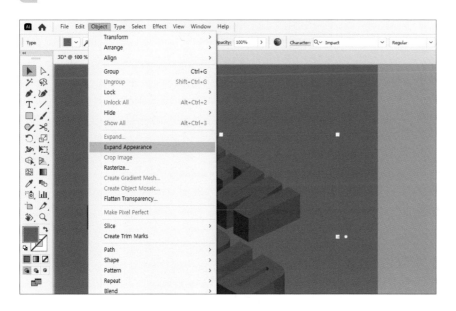

5 ⬚직접 선택 도구⬚로 입체글자의 윗면 오브젝트만 Shift를 누르고 클릭하여 중복 선택합니다. 그 후 잘라내기(단축키 Ctrl +X) 하고 바로 위에 붙이기(단축키 Ctrl+F) 합니다. 선택이 되어있는 상태에서 [Object]−[Compound Path]−[Make]하여 클리핑마스크를 위한 컴파운드 패스로 변환합니다. 하나의 오브젝트로 병합됩니다.

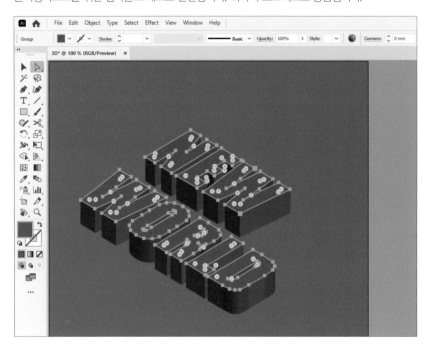

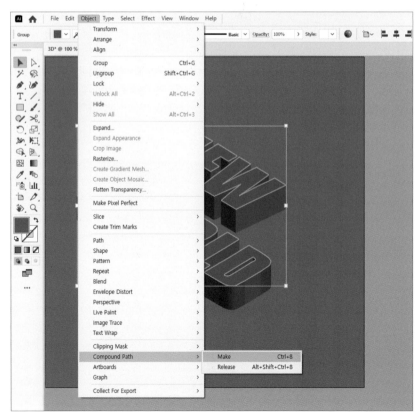

실전 예제로 배우는 일러스트레이터

6 배경을 제외하고, 병합했던 Compound Path와 나머지 입체 면들을 모두 선택한 뒤 클리핑 마스크(단축키 Ctrl+7)합니다. 안쪽으로 뚫린 공간이 있는 듯한 아이소메트릭 3D 타이포그래피가 완성되었습니다.

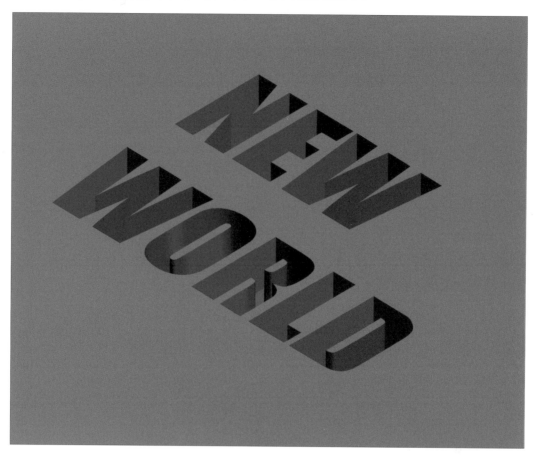

실전 예제로 배우는
일러스트레이터

부록

Selection Tool (V)

선택 도구 ▸ 오브젝트를 선택하거나 이동

Direct Selection Tool (A)
Group Selection Tool

직접 선택 도구 ▸ 오브젝트를 부분적으로 선택하여 수정
그룹 선택 도구 ▸ 오브젝트를 그룹별로 선택하여 수정

Magic Wand Tool (Y)

자동 선택 도구 ▸ 클릭한 부분과 비슷한 속성의 오브젝트 모두 선택

Lasso Tool (Q)

올가미 도구 ▸ 자유 형태로 드래그한 영역 안의 고정점 선택

Pen Tool (P)
Add Anchor Point Tool (+)
Delete Anchor Point Tool (-)
Anchor Point Tool (Shift+C)

펜 도구 ▸ 패스를 그리는 도구
고정점 추가 도구 ▸ 패스에 고정점 추가
고정점 삭제 도구 ▸ 패스의 고정점 삭제
고정점 변환 도구 ▸ 고정점의 곡선, 직선 형태 변환

Curvature Tool (shift+~)

곡률 도구 ▸ 자동으로 곡선 처리 되는 패스 그리기

Type Tool (T)
Area Type Tool
Type on a Path Tool
Vertical Type Tool
Vertical Area Type Tool
Vertical Type on a Path Tool
Touch Type Tool (Shift+T)

문자 도구 ▸ 가로 방향으로 문자 입력
영역 문자 도구 ▸ 오브젝트 안에 문자 입력
패스 상의 문자 도구 ▸ 패스 선분을 따라 문자 입력
세로 문자 도구 ▸ 세로 방향으로 문자 입력
세로 영역 문자 도구 ▸ 오브젝트 안에 세로 방향 문자 입력
세로 패스 문자 도구 ▸ 패스 선분을 따라 세로 방향 문자 입력
터치 문자 도구 ▸ 글자 하나 하나 개별 수정

Line Segment Tool (\)
Arc Tool
Spiral Tool
Rectangular Grid Tool
Polar Grid Tool

선분 도구 ▸ 직선 그리기
호 도구 ▸ 호 그리기
나선형 도구 ▸ 나선 그리기
사각형 격자 도구 ▸ 사각형 격자 그리기
극좌표 격자 도구 ▸ 원형 격자 그리기

Rectangle Tool (M)
Rounded Rectangle Tool
Ellipse Tool (L)
Polygon Tool
Star Tool
Flare Tool

사각형 도구 ▸ 사각형 그리기
둥근 사각형 도구 ▸ 둥근 사각형 그리기
원형 도구 ▸ 원 그리기
다각형 도구 ▸ 다각형 그리기
별모양 도구 ▸ 별 그리기
플레어 도구 ▸ 플레어(빛 효과) 그리기

실전 예제로 배우는 일러스트레이터

페인트 브러시 도구 ▸ 다양한 형태의 선분 그리기

물방울 브러시 도구 ▸ 자유롭게 원 형태의 패스로 칠하기

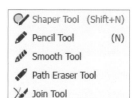

모양 도구 ▸ 드래그하는 형태대로 직선, 곡선, 도형 드로잉

연필 도구 ▸ 자연스러운 패스 드로잉

매끄럽게 도구 ▸ 패스 모양 매끄럽게 변환

패스 지우개 도구 ▸ 패스 선분 지우기

조인 도구 ▸ 떨어져 있는 고정점 연결

지우개 도구 ▸ 오브젝트 칠(칠) 영역 닫힌 패스로 지우기

가위 도구 ▸ 패스 끊기

칼 도구 ▸ 패스 면적 분리

회전 도구 ▸ 오브젝트 회전

반전 도구 ▸ 오브젝트 반전

크기 조절 도구 ▸ 오브젝트 크기 조절

기울이기 도구 ▸ 오브젝트를 기울이기

모양 변경 도구 ▸ 오브젝트 모양 변경

폭 도구 ▸ 선 폭 조정

왜곡 도구 ▸ 오브젝트 형태 왜곡하여 변형

회전 비틀기 도구 ▸ 오브젝트를 나선으로 회전하여 비틀기

오목 도구 ▸ 오브젝트를 안쪽으로 오목하게 변경

팽창 도구 ▸ 오브젝트를 부풀어진 모양으로 팽창

스캘럽 도구 ▸ 오브젝트를 부채꼴 모양의 주름 형태로 변형

크리스털 도구 ▸ 스캘럽과 반대 방향으로 변형

주름 도구 ▸ 수평 또는 수직의 주름 형태로 변형

자유 변형 도구 ▸ 오브젝트 자유 변형

퍼펫 뒤틀기 도구 ▸ 퍼펫 조절점을 활용하여 자연스럽게 형태 변형

도형 구성 도구 ▸ 오브젝트를 클릭 또는 드래그하여 형태를 재구성

라이브 페인트 통 도구 ▸ 겹쳐진 패스 영역을 자동으로 감지하여 색 적용

라이브 페인트 선택 도구 ▸ 라이브 페인트 모드의 영역 선택

Perspective Grid Tool (Shift+P)

Perspective Selection Tool (Shift+V)

원근감 격자 도구 ▸ 원근법이 적용된 오브젝트 그리기

원근감 선택 도구 ▸ 원근법을 적용하여 오브젝트 선택, 이동

Mesh Tool (U)

망 도구 ▸ 망 점을 활용하여 정교하게 부드러운 색상 칠

■ Gradient Tool (G)

그레이디언트 도구 ▸ 그레이디언트 적용

 Eyedropper Tool (I)
Measure Tool

스포이트 도구 ▸ 클릭하여 동일한 색 추출

측정 도구 ▸ 드래그한 부분의 좌표와 길이 측정

 Blend Tool (W)

블렌드 도구 ▸ 오브젝트를 연결하여 중간 단계의 변화 생성

Symbol Sprayer Tool (Shift+S)
Symbol Shifter Tool
Symbol Scruncher Tool
Symbol Sizer Tool
Symbol Spinner Tool
Symbol Stainer Tool
Symbol Screener Tool
Symbol Styler Tool

심볼 분무기 도구 ▸ Symbols 패널의 심볼 뿌리기

심볼 이동기 도구 ▸ 심볼 이동

심볼 분쇄기 도구 ▸ 심볼 안쪽으로 모으거나 바깥쪽으로 밀기

심볼 크기 조절기 도구 ▸ 심볼 크기 조절

심볼 회전기 도구 ▸ 심볼 회전

심볼 염색기 도구 ▸ 심볼 색 변경

심볼 투명기 도구 ▸ 심볼 불투명도 조절

심볼 스타일기 도구 ▸ 심볼에 그래픽 스타일 적용

Column Graph Tool (J)
Stacked Column Graph Tool
Bar Graph Tool
Stacked Bar Graph Tool
Line Graph Tool
Area Graph Tool
Scatter Graph Tool
Pie Graph Tool
Radar Graph Tool

세로 막대그래프 도구 ▸ 세로 형태의 막대그래프 그리기

누적 막대그래프 도구 ▸ 세로 막대에 누적되는 그래프 그리기

가로 막대그래프 도구 ▸ 가로 형태의 막대그래프 그리기

누적 가로 막대그래프 도구 ▸ 가로 막대에 누적되는 그래프 그리기

선 그래프 도구 ▸ 선으로 표시되는 그래프 그리기

영역 그래프 도구 ▸ 선 그래프의 영역이 채워지는 그래프 그리기

분산 그래프 도구 ▸ 분산된 점으로 그래프 그리기

파이 그래프 도구 ▸ 비율을 확인하는 원형의 파이 그래프 그리기

레이더 그래프 도구 ▸ 방사형으로 분할되는 레이더 그래프 그리기

Artboard Tool (shift+O)

대지 도구 ▸ 대지 추가 및 삭제, 이동

Slice Tool (Shift+K)
Slice Selection Tool

슬라이스 도구 ▸ 이미지를 분할하여 저장

슬라이스 선택 도구 ▸ 분할된 이미지 선택

Hand Tool (H)
Print Tiling Tool

손 도구 ▸ 화면 이동

페이지 도구 ▸ 인쇄 영역 설정

Zoom Tool (Z)

돋보기 도구 ▸ 작업화면 확대 또는 축소

••• ■ ••• Edit Toolbar...

Tools 패널 편집 ▸ 도구 박스 배열 편집

Ai 일러스트레이터 단축키 모음

편집 작업

실행 취소	`Ctrl`+`Z`
재실행	`Shift`+`Ctrl`+`Z`
잘라내기	`Ctrl`+`X`
복사	`Ctrl`+`C`
붙이기	`Ctrl`+`V`
앞에 붙이기	`Ctrl`+`F`
뒤에 붙이기	`Ctrl`+`B`
제 자리에 붙여넣기	`Shift`+`Ctrl`+`B`
모든 대지에 붙여넣기	`Alt`+`Shift`+`Ctrl`+`B`

문서 작업

문서 만들기	`Ctrl`+`N`
문서 열기	`Ctrl`+`O`
문서 닫기	`Ctrl`+`W`
다른 이름으로 저장	`Shift`+`Ctrl`+`S`
일러스트레이터 종료	`Ctrl`+`Q`
열려있는 문서 순환	`Ctrl`+`Tab`

보기

바운딩박스 활성화/비활성화	`Shift`+`Ctrl`+`B`
눈금자	`Ctrl`+`R`
투명도 격자 활성화/비활성화	`Shift`+`Ctrl`+`D`
윤곽선 활성화/비활성화	`Ctrl`+`Y`
가이드 활성화/비활성화	`Ctrl`+`;`
가이드 잠그기	`Alt`+`Ctrl`+`;`
원근감 격자 활성화/비활성화	`Ctrl`+`Shift`+`I`
그리드 활성화/비활성화	`Ctrl`+`'`
도구 박스 숨기기	`Tab`
확대하기	`Ctrl`+`+`(더하기)
축소하기	`Ctrl`+`-`(빼기)
화면에 대지 맞추기	`Ctrl`+`0`
100%로 보기	`Ctrl`+`1`
전체화면 보기 모드 변경	`F`

선택

모두 선택	`Ctrl`+`A`
모두 선택 해제	`Shift`+`Ctrl`+`A`
그룹	`Ctrl`+`G`
그룹 해제	`Shift`+`Ctrl`+`G`
잠그기	`Ctrl`+`2`
잠금 해제	`Alt`+`Ctrl`+`2`
오브젝트 배열 한 단계 위로 이동	`Ctrl`+`]`
오브젝트 배열 한 단계 아래로	`Ctrl`+`[`
오브젝트 배열 제일 위로 이동	`Ctrl`+`Shift`+`]`
오브젝트 배열 제일 아래로 이동	`Ctrl`+`Shift`+`[`

그리기

패스 연결	`Ctrl`+`J`
칠과 획 간 반복 교체	`X`
칠과 획을 초기값으로 설정	`D`
칠과 획 교체	`Shift`+`X`
색상 칠	`,`(쉼표)
그레이디언트 칠	`.`(마침표)
색 없음	`/`(슬래시)
그레이디언트 annotator	`Alt`+`Ctrl`+`G`
브러시 크기 줄이기	`[`
브러시 크기 늘리기	`]`

개체 작업

개체 변형 반복	`Ctrl`+`D`
클리핑 마스크 만들기	`Ctrl`+`7`
컴파운드 패스 만들기	`Ctrl`+`8`

문자

문자 크기 줄이기	`Ctrl`+`Shift`+`,`(쉼표)
문자 크기 키우기	`Ctrl`+`Shift`+`.`(마침표)
자간	`Alt`+`←`,`→`방향키 좌우
행간	`Alt`+`↑`,`↓`방향키 상하
윤곽선 만들기	`Shift`+`Ctrl`+`O`

Let's
실전 예제로 배우는
일러스트레이터

초판1쇄 인쇄 2022년 2월 11일
초판1쇄 발행 2022년 2월 18일
지은이 장민희
기획 곽홍준
감수 임자영
표지디자인 서제호
내지디자인 서진희
제작 김응태, 조재훈
판매영업 김승규, 권기원

발행처 ㈜아이비김영
펴낸이 김석철
등록번호 제22-3190호
주소 (06728)서울 서초구 서운로 32, 우진빌딩 5층
전화 (대표전화) 1661-7022
팩스 02)3456-8073

ⓒ㈜아이비김영

ISBN 978-89-6512-126-8 14000
      978-89-6512-124-4 (세트)

정가 18,000원

잘못된 책은 바꿔드립니다.